ELA QUERIA AMAR, MAS ESTAVA ARMADA

CONTOS

LILIANE PRATA

ELA QUERIA AMAR, MAS ESTAVA ARMADA

CONTOS

60,9 instante

© 2019 Editora Instante
© 2019 Liliane Prata

Direção Editorial: **Silvio Testa**

Coordenação Editorial: **Carla Fortino**
Revisão: **Andréa Vidal** e **Fabiana Medina**
Lettering para capa e miolo: **Ale Kalko**
Imagem de capa e quarta capa: **Anna Babich/Shutterstock**
Diagramação: **Estúdio Dito e Feito**

1ª Edição: 2019 | 1ª Reimpressão: 2020

Dados Internacionais de Catalogação na Publicação (CIP)
(Laura Emília da Silva Siqueira CRB 8/8127)

Prata, Liliane.
    Ela queria amar, mas estava armada /
Liliane Prata. 1ª ed. — São Paulo:
Editora Instante : 2019.

    ISBN 978-85-52994-17-6

    1. Literatura brasileira 2. Literatura brasileira: contos
    3. Literatura brasileira: novela
    I. Prata, Liliane.

CDU 821.134.3(81)   CDD 869.3

Índices para catálogo sistemático:
1. Literatura brasileira
2. Literatura brasileira: contos
3. Literatura brasileira: novela
   869.3

Texto fixado conforme o Acordo Ortográfico da
Língua Portuguesa de 1990, em vigor no Brasil a partir de 2009.

www.editorainstante.com.br
facebook.com/editorainstante
instagram.com/editorainstante

Ela queria amar, mas estava armada é uma publicação
da Editora Instante.

Este livro foi composto com as fontes Arnhem
e Prelo e impresso sobre papel Pólen Soft 80g/m²
em Edições Loyola.

Para Marcelo

"Amar os outros é a
única salvação individual
que conheço: ninguém
estará perdido se
der amor e às vezes
receber amor em troca."

Clarice Lispector,
A descoberta do mundo

Sumário

Prefácio
Histórias de amor nada exemplares 10

1 **Ela queria amar, mas estava armada** 13

2 **Nas horas livres, desenho libélulas** 37

3 **Faça uma massagem nos pés da pessoa** 46

4 **Ninfeta** 54

5 **Aquela é a viúva Camila** 72

6 **Eu te pergunto, José** 75

7 **É muito difícil as relações vingarem hoje em dia** 80

8 **Tapete rosa de pétalas** 91

9 **Divórcio civilizado** 105

10 **Bala de hortelã** 114

11 **Stand by me** 121

12 **O contrato** 126

13 **Lavínia** 133

14 **A doença misteriosa** 146

15 **Amor não é isso?** 153

16 **Valeu a pena ter vindo** 162

17 **Cheiro de café queimado** 165

18 **Matadores de passarinho** 205

19 **Meia-taça** 211

20 **Introdução à beleza** 217

Posfácio
Onde se dá uma trégua 222

Sobre a autora 224

Prefácio
Histórias de Amor nada Exemplares

Uma coleção de histórias de amor nada exemplares — tortas, errantes, desajeitadas. Neste livro, Liliane Prata reúne contos que poderiam ser relatos cotidianos de encontros e desencontros sobretudo entre casais, mas também entre mães, pais, filhas. Sua escrita parece guiada pelo desejo de investigar, sem distanciamento e neutralidade, como se dão os vínculos de afeto na contemporaneidade.

Neste espaço, escolhi escrever sobre o tema comum aos textos reunidos. Lili — vou chamá-la aqui como a chamo na vida — tem vocação para observar e refletir, e parte da ficção para examinar o desejo de estar perto daqueles que amamos e também as dificuldades que nos impedem de fazê-lo. Desconfiados, dessensibilizados, desconfortáveis em nossas vulnerabilidades, o fato é que estamos muito atrapalhados.

Mas Lili não se contenta com o diagnóstico e imagina histórias que são, sobretudo, de tentativas mais do que de fracassos. A autora busca se aproximar das relações humanas com entusiasmo genuíno, em especial a partir da perspectiva das mulheres. Desse modo, poderíamos inverter a ordem do título do livro e do primeiro conto que o nomeia, subvertendo, assim, também o sentido: *ela estava armada, mas queria amar* — o que sobressai, afinal, é a persistência das personagens, mesmo contra as defesas mais imponentes. A constatação não deixa de ser um alento, pois, como escreveu Freud, em última análise, precisamos amar para não adoecer.

Ler estas histórias me fez pensar na fábula dos porcos-espinhos, que, quando viviam perto demais uns dos outros, estavam sempre se espetando e se machucando. Por proteção, decidiram se afastar. Mas a chegada do inverno rigoroso mostrou que a ideia não era assim tão boa: como se aqueceriam estando isolados? Para não morrer de frio, foi preciso que retornassem, e assim passaram a se espetar novamente, e se afastar novamente, e se congelar novamente, voltando a se aproximar e a se machucar, enquanto procuravam entender qual é a distância que torna a vida possível. Estamos mais ou menos como esses porcos-espinhos, indo e vindo enquanto tentamos fazer esse cálculo.

Essa fábula singela, por sua vez, remete a uma frase bonita do escritor João Guimarães Rosa, conterrâneo meu e de Lili: "É preciso sofrer depois de ter sofrido, e amar, e mais amar, depois de ter amado". A frase poderia ser uma espécie de manifesto que guia a escrita deste livro.

Foi como leitora que, há anos, conheci Lili. Mais tarde, acabamos nos tornando parceiras de projetos editoriais, dos quais ela sempre participou com generosidade e entusiasmo. Ao longo desse tempo, acompanhei a sua dedicação à leitura e à escrita com admiração. É difícil seguir o seu fôlego e a sua versatilidade: são nove livros publicados, um canal no YouTube, um *podcast*, além de grupos de leitura e cursos sobre livros e sobre ideias. Lili veio ao mundo para seguir em movimento — e nos provoca, com gentileza e disposição, a também permanecer em transformação.

Fabiane Secches
Psicanalista e doutoranda em Teoria Literária e
Literatura Comparada na USP

ELA QUERIA AMAR, MAS ESTAVA ARMADA

— Amor, eu gosto que você se sinta inseguro. Porque quando você se sente inseguro, eu me sinto segura, entendeu, sei que o certo seria que você cuidasse de mim e eu de você, mas faço exatamente o oposto, porque a verdade é essa, André, quero que você se sinta mal quando eu tô longe, que o seu peito aperte quando demoro para telefonar. No fundo, amor, preciso que você seja infeliz.

André fez uma pausa. Estava tirando o tênis quando apertou o play do áudio de Luiza, o áudio enviado de madrugada, ouvido no barulho matinal da padaria e repetido agora, o saco de pães ainda na mão. Ele olhou a sala, os cinco meses juntos, que áudio esquisito, como este tênis está sujo, e esta tosse que não acaba, e este peito tão murcho, a cabeça tão cheia, por que tudo é tão difícil? Tirou o moletom cinza, refez o rabo de cavalo, calçou os chinelos e levou o tênis para o quarto, sentindo os passos pastosos, já sem saber se era o áudio, se era a fome de quem não tinha jantado ontem ou o vazio que não passava com a comida. Esquentou no micro-ondas o café gelado da garrafa térmica, abriu a geladeira, botou queijo e presunto no pão. Na bancada embaixo da janela, dois vasinhos de violetas murchas; no piso de azulejos claros, um punhado de pó de café de dois dias atrás. Foi para a sala. Sofá, pés na poltrona, celular e prato do lado, um suspiro infinito. Lá de fora, ou talvez de baixo, começaram gritos anônimos: *Sai daqui, Não vou sair, Eu te odeio, eu te odeio!* Ainda era tão cedo, por que tantos gritos? Play.

— Eu percebo que fico tentando te controlar, André, falei isso semana passada pra minha psicóloga. Mas parece que perceber não adianta muita coisa, ou talvez até piore, percebo as merdas e faço elas mesmo assim, uma parte de mim faz e a outra fica tentando entender, eu me sinto partida, todo mundo se sente assim, partido? Eu sempre te falo que te amo, mas andei pensando muito e acabei de descobrir que amar, pra mim, é mais ou menos assim: eu te amo, então eu quero que você se foda, entendeu? Por exemplo: ontem, senti muito ciúme de você, foi uma bobagem, nem vou comentar o que era, ah, foda-se, foi uma bobagem que rasgou meu peito, vou contar: senti ciúme de você ter almoçado com aquela sua amiga. Não é que senti um ciuminho bobo, eu tremia, eu implodi, André. Um lado meu quer que você seja livre para almoçar com quem você bem entende, sabe, isso de tratar o outro como uma posse acho tão absurdo, e, afinal, eu também quero almoçar com quem eu bem entendo, mas esse lado fica soterrado por outro lado meu que quer te prender, e também por outro lado meu que quer ser presa, é, tem esse lado também, são três lados, parece. Esse meu lado que quer ser presa se ressente, acho que é por isso que eu explodo do nada às vezes. Já esse lado que quer, que precisa te prender, esse lado quer que você se sinta culpado toda vez que você se sente livre. Foi por isso que, depois do seu almoço, eu fui lá e tentei te fazer se sentir mal, entendeu? Você me mandou mensagens e eu demorei pra responder, e, quando respondi, respondi toda seca. Dei uma sumida, não curti suas postagens, enfim, tentei dar aquela chacoalhada no seu emocional. Por pouco não dei em cima de alguém, André, já fiz isso algumas vezes, só pra me sentir por cima de você, saiba: fico com raiva do que sinto, com raiva de você, e vou lá e dou em cima de alguém. Por pouco não fiquei dando um jeito de enfiar numa conversa com você casos sobre outros homens que me desejam e mil histórias sobre carinhas com quem eu já fiquei... Preciso me sentir por cima de você, André, quem é você pra tentar me amar, pra fazer com que eu te ame, essa coisa toda? Sinto que sou muito apaixonada por você, mas também sinto que não sei lidar com isso, não faço ideia do que sinto, sinto que tenho muita raiva de você. As pessoas dizem que não sabem definir o amor, mas pensei muito de ontem pra hoje e cheguei a esta conclusão: amar é desrespeitar e ser desrespeitado. Pelo menos pra mim, sabe? Pelo menos, quando amo muito. Se eu não te amasse tanto, aí, sim, talvez eu conseguisse gostar de você. Ah, André, meu problema é que eu morro de medo, já nem sei de quê, tenho medo de tanta coisa, e aí quero voltar no tempo e não ter conhecido você, ah, como adoro ter conhecido você, como te odeio, André, como não suporto nada disso... Amar é exatamente a mesma coisa que não amar.

Silêncio no prédio da frente. Vazio no prato. Uma dor sem nome, uma espécie de desespero paciente, uma angústia que se habituou a existir. Play.

— Não quero mais ficar com você, André. Não consigo mais. Sei que sou nova, mas decidi, é como se eu quisesse ligar as trompas do meu peito, é isso, vou fazer uma laqueadura amorosa.

Ele se levantou e andou até o banheiro. Tirou a roupa enquanto a água do chuveiro esquentava, olhou-se no espelho sem prestar atenção no que via, sentiu sem saber o que sentia. Mas sentiu. Sentiu profundamente. Por quase dez minutos, a água escorreu quente pelas suas costas, e só então pegou o xampu, o sabonete, os cheiros todos, os cheiros que queria botar na pele e no ar do banheiro e também nos apartamentos vizinhos, nos áudios, nas bagunças que não conseguia entender.

— Deixa ver se é isso mesmo, Lu... — Ele estava agora com a toalha amarrada na cintura, o telefone apoiado entre a orelha e o ombro largo. — Você quer terminar comigo porque não sabe amar. Ou porque, quem sabe, me ama *demais*.

— Eu te amo pra caralho, amor — ela respondeu com uma espécie de agitação resignada, o tipo de nervosismo de quem se percebe alterado, mas não consegue fazer de outra forma. A agitação de Luiza era como o desespero de André: apresentações distintas, mesmo sabor. — Tava meio abalada quando te mandei aquilo, você deve ter notado. Eu tava chorando, tinha bebido um pouco, tinha brigado com o meu pai, preciso te contar as coisas horríveis que ele me falou, foi um dia difícil, pensei uma porção de coisas, agora tô mais calma. Mas o fato é: eu sou muito apaixonada por você, e isso tá atrapalhando as coisas que eu preciso fazer. "Você ficou com seu ex por dois anos", você pode dizer, mas eu nunca tinha gostado tanto assim dele, então era fácil. Terminei porque achava que não gostava dele o suficiente, mas agora concluí que aquela era a quantidade certa de amor para sentir por alguém.

— E o que são essas coisas que você precisa fazer, afinal? — Ele acendeu um cigarro. Só vinha fumando dois por dia, e estava antecipando em catorze horas o segundo.

— Como assim, o que são essas coisas que eu preciso fazer? Cuidar da minha pesquisa, André, cuidar da minha vida. Comprar minhas passagens pra Guatemala, fazer minha pesquisa com os maias e seus descendentes.

— Até hoje não aceitei isso de que existem maias vivos.

— Ora, André, você acha que só existiam os maias dos livros de história? Você também acha que não existem tupinambás aqui em São Paulo? E comunidades morando em quilombos? Você fica naquela sua faculdade de administração o dia todo, só falando com as pessoas sobre administração, administração, administração, eu não sou assim, eu não administro nada, eu tô pouco me fodendo pra administração, você fica numa bolha, André.

— Bom, chega disso, vai. Você vai dormir aqui em casa hoje, né? Amanhã é feriado, a gente acorda sem hora pra sair da cama...

— André, tô te falando, eu...

— Me explica tudo mais tarde. Pessoalmente. Nua. Toda gostosa, só pra mim.

— André, não sei como posso amar tanto alguém que, além de não dar a mínima pra antropologia, também não dá a mínima pro que eu estou dizendo. De qualquer forma, não vou pra sua casa hoje. Estou *terminando* com você.

— Lu — ele fez uma pausa. — Você tá brincando, certo? Nunca sei quando você tá brincando. Olha, você tem suas infantilidades, eu tenho as minhas. Todo mundo é meio criança quando tenta amar e ser amado. Outro dia li que amar é aceitar a nossa infância e a do outro.

— Eu tô e não tô brincando. — A voz dela começou a embargar. — A minha pesquisa é mais importante que você neste momento. Do que a gente. *Tem que ser.* Não aguento mais gostar de você, meu amor, tô exausta, e você sabe que eu sou uma pessoa intensa, falei isso pra minha psicóloga, que nós, as pessoas intensas, não podemos ficar exaustas, até comentei com ela que nós, as pessoas intensas, não deveríamos morar em São Paulo, nós deveríamos nos juntar e ir pruma fazenda, ir prum lugar tranquilo no meio do nada e fundar a fazenda dos intensos, mas enfim... Hoje acordei tão cansada, parecia que eu nem tinha dormido, porque ontem à noite fiquei pensando que você tá mentindo pra mim, ou que vai parar de gostar de mim, enfim, que vai ferrar a minha vida... Fiquei desesperada, sendo que estamos superbem, sendo que você me ligou todo fofo antes de dormir! Nada é suficiente pra arrancar esse desespero do meu peito! Nada!

— Calma, linda. Calma...

— Fico te cansando com essa minha carência infinita, sei que fico. Vira e mexe eu surto, eu sei, às vezes tenho medo de você morrer, de você entrar no ônibus e o ônibus capotar, sonho com isso, ou sonho que você tá morrendo ou que tá me matando, é horrível. Falando em ônibus, preciso ir pra Poços de Caldas, preciso...

— Você não me cansa. Sabe o que eu fico pensando? Em como te amo. Te amo demais.

— Você também tá exausto, André. Sua voz tá sem brilho, voz de ressaca. A minha também tá assim, cada vez mais. Meu amor por você é tão grande que é disforme, monstruoso. Preciso de paz para fazer minhas coisas. *Não aguento mais.*

— Você tá exagerando.

— Não me fala que tô exagerando, o.k.? Estou te contando como me sinto em relação a nós dois, não estou pedindo que você concorde nem esperando um "parecer" seu. Estou cansada, isso sim. Se gostar é isso, é precisar tanto assim do outro, é não suportar nem a sua ausência nem a sua presença, é dizer eu te amo, mas, no fundo, querer que o outro seja infeliz, eu não quero mais. Chega. Realmente não sei o que acontece, onde estou errando, mas, sinceramente, desisto. Tanta coisa importante acontecendo no Brasil, no mundo, por que o amor tem o poder de me sugar assim? Digo, qual a importância disso, essa coisa de casal, de amar, essa coisa toda? Acordei hoje pensando em você, pensando em te ver, mas aí tive um estalo: não dá mais. *Preciso ir embora.*

— Lu, ouve. Não se termina um relacionamento assim do nada. São cinco meses, e eu te amo muito, você sabe.

— Também te amo. Já disse, estou terminando por excesso, não por falta. Você tá tomando um calote amoroso, André, não é por maldade, é porque meu coração faliu! — Ela soltou uma risada tensa.

— Meu amor... Não precisa ser assim tão complicado. Compra as suas passagens pra Guatemala, a gente vai se falar todos os dias enquanto você estiver lá. Te dou todo o meu apoio na sua pesquisa, Lu. Quando você estiver viajando, vou pra Poços ver sua família e ajudar no que for, você pode contar comigo pra tudo que você quiser...

— E o que eu quero, André? Eu só quero ficar com você. Essa viagem era um sonho. Era melhor que um sonho: era um dos meus objetivos de vida. E agora, quando penso nela, nos maias, no meu gravador ligado, começo a pensar no seu cheiro, no seu cafuné, no seu pau, e de repente em você me traindo, você me largando. E não quero ser essa mulher, obrigada. Não quero levar você na mala e na porra dos meus pensamentos. Também tô cansada de levar você na porra dos meus pensamentos o tempo todo aqui em São Paulo. Eu sou louca por você. Mas eu era muito mais feliz antes de te conhecer.

— Por que você não tenta relaxar um pouco, só isso... Por que tem que ser assim?

— Você não consegue entender como é difícil pra mim. Você não entende, eu já passei por coisas horríveis, André, dentro e fora da minha cabeça.

Antes que ele pudesse argumentar, antes que se autorizasse a pegar o terceiro cigarro, Luiza disse: "Tenha uma boa vida" e desligou. André ficou parado, rindo no vazio, e então ficou muito sério, esperando um toque do telefone, mas isso não aconteceu. Assim que chegou ao trabalho, mandou uma mensagem para Luiza e descobriu que havia sido bloqueado. "Está mais calma?" era o texto. Ele não estava mais calmo. Em vez disso, tomava um café depois do outro na sala dos professores, torcendo para que o sinal da próxima aula tocasse logo, enquanto avaliava a possibilidade de fugir da reunião das dezoito horas. Iria à casa dela assim que saísse da faculdade.

— • —

Num quarto bagunçado no Butantã, Luiza, uma pálpebra tremendo sem parar, uma fatia de bolo intocada sobre a cama, esperava por Carla. Estava ansiosa não pela sua companhia, mas pelo silêncio compartilhado, talvez para ter sua presença, que sentia tão oca naquele momento, testemunhada. Não falaria sobre o término, estava decidido. Eram quase amigas, mas não comentaria nada. Apenas tiraria uma dúvida sobre o seminário daquela tarde, talvez falasse sobre o atraso da conta da internet, precisava avisar da cerveja com o pessoal, haviam dito que, mesmo que chovesse granizo, passariam no bar depois do seminário. Tocou as bochechas tentando descobrir novas espinhas, ficou passando o dedo pelo piercing do nariz. Se Carla perguntasse por André, diria que ele tinha um curso naquela noite, e diria a mesma coisa na noite seguinte, e na noite seguinte, até Carla esquecer que nas manhãs de quarta e quinta costumava trombar com um moreno de cabelo comprido sem camisa na cozinha, e que aos sábados e domingos o apartamento era todo dela para suas alegrias pontuais e preocupações infinitas, pois sua *roommate* estava dormindo em outro endereço. Agora, dividiriam não apenas os silêncios e a quase amizade, como também a solteirice. As conversas sobre os textos que estavam lendo, as fofocas sobre os bastidores acadêmicos e os comentários sobre as aulas talvez não aumentassem em volume, mas ela passaria a lhes dar mais atenção, estaria mais presente, atenta, agora que seguiria sua vida sem pensar em André, agora que se concentraria no mundo e não mais em lembranças, planos e emoções que substituem o nome de todas as coisas pelo nome de um homem.

Não havia mais esse homem. Não daria mais espaço para o amor, decidiu, procurando pelas gavetas e bolsas um *beck* que acabou não encontrando. Parou os olhos no espelho da porta do guarda-roupa, estava mais barriguda? Bem, foda-se. Escolheu um disco de Ana Cañas numa das caixas sob a escrivaninha, o apartamento ainda sem Carla. As primeiras notas vieram com a constatação: não só não conseguia amar, como se recusava a aprender, e não era obrigada a aprender, era? Sentia-se quebradiça demais para forçar o peito a abrigar o jorro de um amor. E o importante era sua pesquisa: a antropologia, afinal, envolvia aprendizados difíceis, mas não impossíveis, como lhe parecia ser a união com André.

De repente, ouviu da sala o barulho da porta se abrindo e pulou de horror com a ideia de ser André, mas era Carla, Carla chegando com um tom de voz sereno demais para ser compreendido, oi, Carla, hã?, sim, tô aqui. André não tinha a chave, não fazia sentido esperar que ele aparecesse ali, meu Deus, o que tinha na cabeça, não podia continuar pensando em André, precisava se concentrar na sua pesquisa e nas passagens para a Guatemala, e não em um homem, como gostaria de ter sido educada para as paixões intelectuais, e não para as paixões entre dois apaixonados, mas, ao que parecia, só conseguiria se dedicar às primeiras se abrisse mão das segundas, e era exatamente isso que tinha feito, tinha terminado com André para não pensar mais nele, mas era preciso não apenas fazer, era preciso estar em paz com sua decisão, decidir não apenas com a razão, mas com todos os poros, as decisões só funcionam quando se decide com todos os poros.

Luiza estava agachada no quarto, escolhendo outro disco, tentando organizar os pensamentos, não queria mais pensar tanto, já havia feito sua escolha, estava tentando desacelerar a mente, tentando nem sabia mais o quê, quando seu peito começou a acelerar como no dia anterior, como daquela outra vez há três semanas, como das vezes em que comentava depois com a psicóloga, ah não ah não, não agora, não esse ataque no peito que não é um infarto, que não vai me matar, mas é como se tentasse, é como se tentasse com tanta vontade, ah não, isso não vai me pegar de novo, ah não ah não... E ela se deitou no chão, chorando enquanto era percorrida por um calafrio, a cabeça girando, o medo, o medo, o medo envolvendo seu corpo como o abraço gelado de uma jiboia, ela sentia a boca seca, um ímpeto de sair correndo e uma necessidade de ficar, levantou-se e tentou gritar, mas a voz não saiu, parece que estava se acalmando, ah não, lá vem mais uma correnteza, mais uma sucessão de choques na alma, ah não, e ela se arrastou até a cama, se deitou em posição fetal, sentindo que o peito estava prestes a se romper a qualquer momento, que todos os tendões e ligamentos explodiriam, veias e artérias a afogariam dentro daquele corpo confuso, imprevisível, estranho; o coração quase saltando, as lágrimas frias, o horror difuso, invisível e concreto do susto de estar viva, o pânico, o pânico.

Pouco antes das onze da noite, após duas batidas de coco e quatro cervejas, Luiza voltava do bar. Entrando no apartamento, desbloqueou André do aplicativo, queria mandar um oi, não sabia por quê, mas queria mandar um oi. Mensagem não enviada: descobriu que havia sido bloqueada, resolveu que era melhor assim e se deitou na cama. Dez minutos depois, levantou-se e saiu em direção à casa de André; em vez disso, foi para a rodoviária do Tietê. Cochilou no ônibus, sonhou que andava na rua portando várias armas de fogo.

— • —

Após o décimo cigarro, André não estava mais com vontade de fumar, nem de fazer nada. Olhava pela sacada do apartamento o movimento na rua Professor Rodolfo São Tiago, no Belenzinho. Havia saído da faculdade às dezoito e trinta, pegou o metrô cheio de saudade e argumentos, desistiu quando chegou à estação Butantã e tomou o caminho para casa acompanhado de uma mágoa maior do que o desejo de reconciliação. O dia inteiro sem notícias dela, o dia inteiro com uma amargura ácida na boca — aquele desamparo crescente não lhe permitia classificar surtos egoístas como justificativas, e a dor do que considerava uma ruptura brusca, bizarra e fria não o autorizava a levar o término com a leveza de uma brincadeira. Sentia-se abandonado, ferido por argumentos nada satisfatórios, explicações bestas, como a *causa mortis* daquelas pessoas que se engasgam fatalmente com um milho de pipoca. Mal havia conseguido trabalhar. Aulas planejadas com antecedência, cheias de vida, se transformaram em um amontoado de frases sem vontade; indo de sala em sala, movia-se como um carro descartável feito para percorrer apenas trinta quilômetros e que ainda assim precisava ser pilotado com cuidado para o motor não fundir antes disso. No almoço com os colegas, surpreendeu-se ao se distrair e rir genuinamente por um instante, para depois se afundar de novo na névoa que envolvia sua cabeça e turvava todas as coisas no raio que a visão alcançava. Mal tocou no prato. Mais tarde, não puxou papo com dona Ciça, a senhora da limpeza, com quem costumava conversar e tomar café — estavam sempre contando piadas e trocando memes, e ela havia se afeiçoado ainda mais a André depois de ele ter comentado que a mãe se aposentara como doméstica. À tarde, não vibrou com a chegada da senhora que vendia bombons caseiros e não se comoveu nem um pouco quando ela avisou que restavam dois de leite condensado.

A lasanha congelada permaneceu fria no meio, mas nem por isso foi devolvida ao micro-ondas. André pausou a TV no início do filme e continuou no sofá, mexendo sem interesse no celular. Entendia que Luiza precisava se focar na pesquisa. Claro que entendia, e também claro que a apoiaria. Entendia que ela sofria com a saudade, a insegurança e o medo, mas, afinal, era essa a cola que os unia, certo? O formigamento da inquietação constante, do sentimento profundo. Quando estavam sorrindo, abraçados e suados, na cama, quando caminhavam conversando por horas, quando a via de manhã, sonolenta, e só conseguia pensar "Que sorte", ele se alegrava e, ao mesmo tempo, lutava para afastar do seu idílio o receio que tantas vezes o invadia. Sim, também tinha seus medos, sabia que o excesso de luz não ofuscava só os olhos de Luiza, apesar de as retinas dela, ao que parecia, se desgastarem mais do que as dele; era possível isto, ensinar alguém a proteger as próprias retinas? Estava certo de que a vida boa era ao lado de Luiza, estava certo de que aquele relacionamento valia a pena. Sentia que a angústia era dos dois, mas que os dois não eram só isso, eram muito mais bonitos do que isso, eram a dificuldade tanto do encontro como da ruptura, sim, mas também sabiam ser leveza, satisfação, sabiam descansar de si no outro, é claro que sabiam, não sabiam? Afinal, como tocar a vida sem isso?

Quando desligou a TV, continuou pensando em Luiza, mas, agora, não sobre inquietações e formigamentos, e menos ainda em coisas do tipo: como gostava da voz dela. Não queria pensar nos timbres ou no morno macio e cheiroso daquele rosto de manhã, mas sim no que nomeava agora de descontrole, o descontrole dela, sempre à espreita, charmoso quando dirigido a lágrimas intensas no cinema, insuportável agora que ela o abandonava tendo a covardia como motivação. Descontrolada. Egoísta. Imatura. Medrosa. Eu não sei o que o amor é, mas sei que ele exige coragem, lembrou-se da fala de um filme visto semanas antes — com Luiza. "O amor exige bondade, isso sim", ela havia comentado, a caminho do bar, rindo, os dois de mãos dadas, o futuro como um rio calmo. "E ninguém mais se interessa por isso hoje em dia."

— • —

Eram quatro e meia da manhã quando Luiza chegou a Poços de Caldas. O entorno da rodoviária estava escuro, e ela mal enxergou a rotatória ao atravessar a rua, mas continuou caminhando, a respiração rápida, os olhos no chão. Portões fechados de lojas, galpões e mercados, longos trechos entre muros e terrenos baldios, cheiro de mato molhado, as ruas ainda úmidas da chuva da noite anterior. Alguém passando de bicicleta, quinze ou vinte minutos sem notícias de mais ninguém. Diminuiu o passo ao se aproximar do centro, sentou-se em um banco da praça da matriz quando o dia clareava, pensou em ver o sol nascer, acabou se levantando e voltando a andar. Às seis em ponto, tocava a campainha da casa amarela. Pitu e Tobias vieram correndo e latindo, a luz do segundo andar se acendeu, e em instantes a mãe surgia de roupão com um molho de chaves e os olhos apertados de sono.

— Antes de olhar da janela, já sabia que era você. — Inês sorriu e a abraçou com seu corpo arredondado e quente.

— Oi, mãe. — E Luiza afundou a cabeça naquele pescoço morno.

— Não sabia que você vinha, meu amor, que bom... Não veio a pé da rodoviária não, né? Espero que tenha pegado um táxi. Cadê sua mala?

— Não trouxe nada, não ia vir, resolvi de última hora.

— Está com fome? Por que essa carinha, meu anjo?

— Tô cansada...

Luiza seguiu a mãe pela trilha no jardim, os dois labradores agitados, balançando o rabo atrás delas. Da mãe, vinha um perfume de lavanda misturado às damas-da-noite do jardim, e ser guiada por aquele rastro era um alento para Luiza, ao mesmo tempo que fazia com que ela se sentisse suja. Sua calça jeans não era lavada havia uns seis meses, o casaco de linha era bar e ônibus em seu odor e amarrotado. O veludo amarelo do tênis velho, tão diferente dos chinelos felpudos à sua frente. As unhas da mãe bem aparadas e com base transparente sob as tramas do chinelo, mãos de amêndoas tocando as bochechas de Luiza agora que as duas estavam na sala.

— Nunca vou entender como as suas mãos são tão macias e cheirosas, mãe — ela falou quase com tristeza.

— Ah, é um creminho novo que comprei, leva um pra você! Vou deixar na sua bolsa agora para não esquecer.

A sala parecia ter mais adornos a cada vez que retornava. Para cada canto que olhava, Luiza descobria um novo porta-retratos, ou um prato de louça pendurado, um tapetinho estreito enfiado entre os três tapetes, um arranjo de flores diferente daquele de três semanas antes. Dessa vez, encontrou um vasinho de cristal em cima do aparador de madeira escura, ao lado da mesa de doze lugares. Caminhou até o seu canto preferido da sala, um pequeno espaço quadricular depois do ambiente com os três sofás, atrás da cristaleira. Afundou-se numa das duas poltronas de veludo que ficavam diante de uma mesa de jogo de damas feita de mármore.

Meia hora depois, estava cercada por pães, biscoitos, leite fervendo, café fresco no bule, três tipos de queijo, bolo de milho com calda de goiabada. As duas comiam em silêncio na mesa de madeira da cozinha com ar colonial, onde parecia haver uma cesta de frutas e um pano de prato cuidadosamente bordado para onde quer que se olhasse. A quase tristeza de Luiza diluída nos queijos, farinhas e no morno da xícara. André surgia de vez em quando em sua mente, pensou em pegar o celular, lembrou que estava sem bateria, mas a presença quieta e suave da mãe à sua frente. Mas o sol entrando pela janela.

Jonas surgiu vagaroso e pesado, de roupão e chinelos de dedo, o cheiro de pós-barba, o bigode comprido, uma revista de palavras cruzadas na mão. Levantou as sobrancelhas ao ver Luiza, passou reto para dar um beijo na testa de Inês.

— Não dormi nada. Tô fazendo palavras cruzadas desde as duas da manhã.

— Você estava dormindo que nem uma pedra, querido, tanto que não ouviu a campainha tocar. Quer uma omelete?

— Mas não inventa de botar azeitona, como na de ontem, bota só queijo, hein.

— Pode deixar. Quer uma, meu anjo?

— Não, mãe, obrigada.

Inês foi para o fogão, Jonas olhou a filha enquanto cortava um pedaço de bolo.

— Já viu o Henrique?

— Não, acabei de chegar.

— Podia ter entrado pra ver ele dormindo, ué. Que coisa! E a faculdade?

— Tá bem.

— E a viagem pra Guatemala? Vai mesmo?

— Vou, pai, tô me organizando pra isso.

— A Luiza vai ser uma professora e tanto. — Inês mexia os ovos em uma tigela. — Você sempre fala dos textos da faculdade com paixão, filha, e isso é essencial. A paixão era tão importante quanto o conhecimento para me manter interessada na faculdade, mais que interessada, viva. A paixão pode tanto atrapalhar a vida como estar a serviço da vida, só precisa ser bem direcionada, ela...

— Você fez medicina, Inês, não tem nada a ver um curso com o outro. Essas coisas que você estuda, filha, ciências sociais, antropologia... Onde tem aula disso? Você vai poder dar aula de história?

— Meu Deus, pai, toda vez você me pergunta isso, que saco.

— Seu pai não acorda com o melhor humor do mundo, você sabe, querida... Estamos muito felizes por você estar aqui. Ah, filha, não quis comentar pelo telefone, mas o Luiz procurou você. Ele...

— Não quero saber.

— Ele vai casar e queria te convidar, disse que gostaria que você...

— Mãe! Não quero saber!

Passinhos na escada. Pausa. Mais passos. Pausa. Jonas e Inês não se alteram, Luiza pousa a xícara na mesa e ergue os olhos. Nada acontece. Inês serve a omelete.

— Parece que o Henrique acordou, querida. Não quer ir lá?

— Tá bom.

O garotinho de um metro e trinta estava parado no meio da escada, diante da pequena janela para o jardim dos fundos. Vestia uma camiseta azul e short de pijama, estava descalço e usava um boné com algum personagem de desenho que Luiza não conhecia. Olhava para fora, baixava a cabeça, contorcia o corpo, curvando os ombros e remexendo os pés em um meio círculo, e então erguia a cabeça de novo e olhava para fora com olhos parados, difícil dizer se interessados na paisagem ou descolados dela.

— Oi, meu amor! — Luiza se aproximou.

Estavam a três palmos de distância, mas Henrique não parecia tê-la ouvido. Agora, parecia ter visto algo de interessante nos próprios pés, pois olhava para eles e pisava com força no chão, olhava e pisava. Luiza afastou dos olhos dele a longa franja lateral.

— Que boné legal esse, hein. E como você cresceu! Como você consegue crescer tanto em duas semanas? Três semanas. Daqui a pouco nem vou te reconhecer — ela se arrependeu imediatamente do comentário. — Estava com saudade de você. De verdade. Posso te dar um abraço?

Henrique não respondeu, Luiza se aproximou e o abraçou, braços oscilantes entre apertar e recuar. Sustentou o gesto por alguns segundos, então relaxou e deu um passo para trás. Henrique ainda estava interessado nos próprios pés.

— Querido! Bom dia! — Inês chegava à sala. — Vovó fez uma omelete do jeito que você gosta, vem. Com bastante queijo. Dormiu bem?

Inês tirou o boné de Henrique e estalou um beijo na cabeça dele.

— Hoje tem que lavar esse cabelo, de hoje não passa, hein? Vem, senão vai esfriar, vem.

Henrique não ofereceu resistência às mãos de Inês quando elas puxaram as suas com suavidade firme. Ele seguiu a avó em silêncio, até parar de repente e caminhar até a janela da sala, onde se encostou e inclinou a cabeça para baixo. Inês tocou em seu ombro. "Henrique. Vem, querido. Querido." Luiza assistia à cena recostada na poltrona. Henrique diante da janela, parado sabe-se lá por quê, para quê. Inês matinal com seu roupão e a tranquilidade do café tomado em uma manhã tão bonita como qualquer outra.

— Você vai adorar esse vídeo aqui, campeão. — Jonas chegou à sala estendendo o tablet. Henrique correu em direção a ele soltando grunhidos agudos: Gnhéé! Gnhéé! Em instantes estavam os quatro na cozinha, Henrique mastigando de boca aberta vidrado nas cores e sons na tela, Inês varrendo a cozinha, Jonas lavando a louça. Luiza sentada na cadeira olhando Henrique.

— Você fica até quando, filha? — Jonas perguntou sem deixar a louça.

— Não sei. Tenho aula na segunda.

— Te levo para São Paulo. E aí você volta semana que vem.

— Vou ver, pai.

Inês encostou a vassoura e olhou para Luiza.

— Volte na sexta, filha. Quando você viajar, tudo bem. Mas, estando em São Paulo, volte toda sexta, como você fazia no começo.

— A faculdade tá mais puxada agora. — Os olhos de Luiza marejaram. — E quero fazer iniciação científica, você sabe.

— Volte e traga o rapaz, o... Como é mesmo o nome dele? — Jonas perguntou, virando-se.

— André — Luiza respondeu, levantando-se e indo para seu antigo quarto, onde se deitou e começou a chorar.

— Eu nunca tinha visto ela tão apaixonada por alguém — Inês comentou, enxugando os pratos.

— Pois é. Outro dia, ela me falou que, se esse relacionamento terminar, nem preciso perguntar o que aconteceu, porque com certeza terá sido ele quem terminou.

O quarto ainda tinha as paredes cor-de-rosa, pintadas quando Luiza tinha doze anos e detestadas a partir dos catorze. Na cama, edredom lilás e um mundo de bichinhos de pelúcia. O quadro de cortiça com fotos de pessoas que ela não encontrava havia tempos. Ela de uniforme do colégio, a última foto antes de a barriga começar a aparecer — mas Henrique já estava lá dentro. A foto da turma no terceiro ano, a barriga de volta ao formato de antes da gestação. Os olhos tão diferentes. Diferentes da foto anterior, antes da barriga, e diferentes de Gustavo, que sorria com seus olhos de terceiro ano do ensino médio. Gustavo e seu corpo esbelto, a franja dourada tampando as espinhas da testa, pulseirinhas de couro e tecido. A paixão por Gustavo, o susto, os lampejos de coragem em meio à confusão, contar para os pais dela, os pais dele, tudo tão rápido, a vergonha da barriga sob o uniforme, a vergonha da barriga sob o uniforme. Descobrira a gravidez no quarto mês de gestação. A quase alegria das famílias avançando com as semanas e os exames de ultrassom, ele é lindo, é menino, é perfeito, vai dar tudo certo, a gente ajuda. O muro entre ela e as amigas depois do nascimento. Henrique belo e sereno. O retorno ao colégio. As voltas com Gustavo depois dos términos. O distanciamento lento e gradual de Gustavo, a insistência das famílias para que ele se interessasse mais por Henrique, mas o futebol, mas os caras, mas as provas, mas as festas. Outra menina na vida de Gustavo. A insistência apenas da família de Luiza. Henrique tinha dois anos e ainda não falava. E então vieram a primeira convulsão, a segunda convulsão, a terceira convulsão, a primeira internação, os primeiros diagnósticos inconclusivos, e onde estava Gustavo, Gustavo não aparecia mais, era como se os pais dele tivessem assinado uma procuração para substituírem o filho. Aos poucos, os pais de Gustavo também foram se afastando. Só Luiza, a mãe e o pai seguiram levando

Henrique para diferentes tratamentos e o amparando durante as convulsões que lesionavam seu cérebro.

"Você não vê o seu filho há seis meses, Gustavo! Seis meses!"

"Vou no juiz te obrigar a ver o seu filho!"

"Não vou ao juiz, não adianta! O que vai adiantar? Você tinha que *querer* ver o seu filho!"

"Não é de dinheiro que tô falando, é de você!"

"Sua vida continua, e o Henrique, e a minha vida, por que você tem o direito de seguir e eu não, e eu não?"

"Você seguiu, Luiza!", ele disse uma noite de terça, suado, depois do futebol. "Você tá namorando aquele mané do Vítor, me falaram..."

"Vejo o Vítor duas noites por semana e olhe lá, porque tenho que voltar pra casa, porque tem uma criança pequena me esperando, uma criança com problemas que eu nem sei direito quais são, porque tenho um filho, e você? Por que você também não tem um filho?"

— Querida, você está acordada? Querida? — Inês se sentou na cama, Luiza abriu os olhos. A mãe estava vestida com uma calça de tecido estruturado e uma camisa estampada, uma leve maquiagem no rosto à mostra com os cabelos em um coque, cheiro de hidratante. — À noite você dorme, meu anjo. Se dormir agora, vai atrapalhar seu sono.

— Vamos? — Jonas parou na porta, Henrique no colo apertando uma bola de borracha.

— Vamos lá no centro, amor, nós quatro. — Inês passava a mão no cabelo de Luiza. — Por que você não aproveita e vai tomar um passe?

— Eu não quero ir ao centro espírita, mãe, não acredito, não gosto.

— Então fica aqui com Henrique — Jonas disse.

— Ou vamos nós quatro, ou vocês dois ficam aqui em casa ou na pracinha enquanto vou com o seu pai. Combinado?

— Gustavo deu notícia?

— Não se preocupe com isso, amor. Os pais dele estão fazendo os depósitos, eles nunca atrasaram um dia da pensão, e, mesmo se atrasassem, isso não é...

— Mas e o Gustavo? Voltou a ver o Henrique? Ele veio se despedir antes de viajar?

— Venha *você*, Luiza — Jonas engrossou a voz.

— É verdade que ele tá morando na Califórnia, mãe? A Gi me mandou uma mensagem.

— É, sim, querida. Ele está lá, não sei quando volta.

Silêncio.

— Eu odeio o Gustavo, mãe. Eu queria arrancar os olhos dele.

— Ninguém vai arrancar os olhos de ninguém, meu amor. Vamos.

— • —

Jonas arrumava o quarto de Henrique enquanto Luiza lia uma história para o filho. Ele estava sentado no chão, entretendo-se com o próprio polegar. Luiza pegou dois fantoches no baú e começou a encenar os diálogos, Henrique parou de observar o dedo. No corredor, Inês falava com uma paciente ao telefone: "Sim, provavelmente são contrações de treinamento, as chamadas contrações de Braxton Hicks... Isso, é como você encontrou no Google, é isso mesmo... Marque o tempo entre as contrações, cronometre, como conversamos... Isso". Jonas tirou um cobertor do armário e o arrumou com cuidado sobre a cama; em seguida, juntou os brinquedos que estavam no chão, fechou as cortinas, amassou um ou outro papel para jogar no lixo. Um estetoscópio azul de plástico estava atrás do criado-mudo, Jonas se abaixou para pegá-lo.

— Vamos adivinhar quem deu isso pra ele — Luiza riu.

— O Henrique gosta de brincar que é cardiologista como o vovô, né, campeão?

— A vovó também usa estetoscópio no consultório.

— Ah, sua mãe sabe ouvir o coração das pessoas até sem isso aqui — Jonas beijou Luiza e Henrique e saiu do quarto.

Luiza terminou de contar a história com os fantoches e pediu que Henrique se deitasse. Ele levou algum tempo para concordar, chegou a gritar quando ela deu a mão para ele, mas acabou indo para a cama, onde permaneceu de olhos abertos, concentrado novamente no polegar. Luiza acendeu o abajur, aproximou-se de Henrique, beijou sua testa e apagou a luz do quarto.

— Você não vai dormir tão cedo, né? Ah, você escovou os dentes, não escovou?

Henrique continuou mexendo no dedo, em silêncio. Luiza lhe desejou boa-noite, encostou a porta e saiu do quarto. No andar de baixo, encontrou Inês sentada no sofá, vendo TV. Na enorme mesa, Jonas tomava chá e escrevia — a mulher e a filha não sabiam, mas ele vinha escrevendo poesias. Luiza se sentou ao lado da mãe e encostou-se no seu pescoço, e então desceu um pouco a cabeça e parou ali, orelha colada no peito. Tum-tum. Tum-tum. Tum-tum. Inês concentrada na televisão, Luiza ouvindo seu coração batendo. Não se lembrava da última vez que havia feito isso. Ouvir o coração da mãe. Ouvir qualquer coração, na verdade. Todos batiam igual? O de Inês lembrava pedrinhas sendo jogadas em um rio, o som da pedra sendo jogada e em seguida a água se espalhando, chuá, chuá... TUM-chuáá... TUM-chuáá...

Quando Jonas se sentou ao lado de Luiza, ela nem pensou em nada antes de pousar a cabeça sobre seu peito — e ela pegou o som de seu coração como se tivesse agarrado uma mamadeira. Jonas envolveu o ombro de Luiza com seu braço e ela ficou lá, parada. Comovida. O coração do pai lembrava o som de um pequeno cavalo galopando. O coração de Inês chegava e se espalhava, o de Jonas pontilhava em *staccato*.

— Cada coração tem um som diferente, pai?

— Hã? Claro.

Aquela informação surpreendeu Luiza. Não costumava ouvir corações e agora tinha ouvido dois diferentes. Estava comovida sem saber por quê. Endireitou-se no sofá e levou a mão aos olhos, esforçando-se para não chorar. Os pais olhavam atentamente a tela da TV quando ela enfiou a mão dentro da blusa e a pousou no meio, levemente à esquerda. Sentiu uma vibração suave, seu miniterremoto íntimo se comunicando com ela.

— Já volto. — Ela se levantou.

— Tá com fome, querida?

— Já volto.

Ela chegou trêmula ao quarto, trêmula e resoluta. Fechou a porta, deitou-se sobre o edredom lilás, levou as mãos ao peito e então ouviu. Tum-tum. Tum-tum. Tum-tum. *Staccato*, como o do pai, porém mais rápido, agitado como quem tinha subido as escadas comovido, cansado... Cansado? Não, isso era sua imaginação. O coração só batia, batia com o som de um peixe num lago claro sem nenhum tipo de predador, o coração batia e ela o ouvia. Quando tinha ouvido seu próprio coração? Lembrou-se de quando tinha quatro ou cinco anos e estava na escola brincando com uma amiguinha, qual era o nome dela, Patrícia, isso, Patrícia: foi Patrícia quem lhe informou que no seu peito havia um coração e ele batia.

"Põe a mão, que nem eu, tá sentindo?"

"Nossa! É mesmo! Ele não para?"

"Ele só para quando a gente morre."

"Por que você foi me contar isso, Pati? Agora vou ficar toda hora ouvindo meu coração... "

"Que nada, você já vai esquecer."

E lá estava ela agora, com a mão sobre aquele tamborzinho que não precisava de nenhum aviso ou lembrança para seguir em frente. Tum-tum. Tum-tum. Tum-tum.

Lá embaixo, o filme a que Inês e Jonas assistiam acabou. Ele se levantou para ir à cozinha, ela subiu as escadas. Encontrou Luiza no quarto de Henrique, Henrique dormindo, a cabeça de Luiza sobre o peito dele.

— • —

— Sexta eu volto — Luiza disse na rodoviária, abraçando o pai.

— Não entendo por que você quis ir embora hoje à noite, amanhã de manhã eu podia levar você, tomar café naquela padaria que a gente gosta, perto da sua casa! Que coisa!

— Como você é reclamão, seu Jonas. — Ela beijou a testa dele.

— Puxa, filha, você sabe que eu não gosto que você me chame de seu Jonas!

— Ai, pai...

— Você me chamou de Jonas até os cinco anos, isso me partia o coração. Você perguntava todo dia "Cadê o papai?", querendo saber daquela besta do Luiz, e eu aqui.

— Mas hoje quando eu te chamo de seu Jonas é de brincadeira... Tá bom, não chamo mais, juro. Você sabe que você é o meu pai.

— • —

Quando a campainha tocou, André abriu a porta esperando o vizinho, talvez o zelador. Em vez da correspondência trocada, a cara chorosa e amarrotada de Luiza.

— Desculpa. — Ela o abraçou.

Ele não moveu os braços.

— As coisas não são assim, Luiza.

— A gente é que define como as coisas são, meu Deus, isso é uma mentira, por que eu disse isso? Não sei, me abraça.

— Você está certa, é assim que funciona: nós definimos. E não eu, e não você.

— Para de me falar se estou certa ou se estou errada, só me abraça. — Ela relaxou os braços em volta dele, e não levaram nem quinze minutos até estarem nus na cama, o salgado do suor no lugar das lágrimas.

— Você acabou com meu feriado. Pior: pelo feriado inteiro, você acabou com meu futuro — ele disse, os dois abraçados no escuro, o preservativo usado no chão.

— Acabei indo pra Poços, fui chorar lá.

— Sério? E os seus pais estão bem? E o Henrique?

— Ah, tá todo mundo bem, sim. Sexta, vamos lá comigo?

— Vamos, lógico! Seguinte, Lu. É simples. Você vai pra Guatemala.

— Ah, nem quero falar disso, nem sei se quero ir pra Guatemala mesmo...

— Como assim? Bom, o que eu queria te dizer é: se você for, a gente vai se falar todos os dias. Eu vou passar as férias lá. E a nossa paixão vai se transformar, com o tempo, em um amor tranquilo. Você vai ver.

— Quero conseguir ver, mas tenho três graus de miopia em cada olho, você sabe.

— Hahaha, eu também sou míope, você sabe. Ei. Olha pra mim, vai. Olha com esses seus olhos míopes, que seja. Confia na gente. Aí nós vamos conseguir.

Foram espaçando as frases, a voz baixando, o corpo amolecendo. Lá fora, o vizinho começou a gritar: *Eu te odeio, eu te odeio!* André dormiu. Luiza, a cabeça sobre o peito dele, tentava se manter acordada. Queria ouvir mais um pouco. Tum-tum. Tum-tum. Tum-tum.

Nas Horas livres, Desenho Libélulas 2

Como você quer seus ovos, pergunto, e ele me olha com seu riso perplexo. Conheço essa expressão dele, às vezes até a admiro, acho que estou a admirá-la agora, acho que estou a admirá-lo. Os lábios abertos, as sobrancelhas franzidas, a leveza generosa de quem sabe recolher do absurdo mais graça do que desapontamento. Como você pode me perguntar como quero meus ovos, ele responde, e eu lembro, ah, sim, é claro, fritos com uma colher de manteiga, a gema mole, um quase nada de sal. Foram onze anos com este homem e já não sei como ele quer os ovos, é claro que ele ainda quer os ovos de antes, ele gosta tanto do antes, e em seis meses uma pessoa pode ganhar alguns hábitos, perder outros, mas ele sempre foi alguém que mais conserva do que corre, alguém que cresce e continua tomando o leite morno da infância. Quebro os ovos com cuidado na beira da pia enquanto a manteiga se desmancha, o tom de ciclone do crepúsculo começando a levar o brilho da cozinha, ele sorvendo o café em silêncio, o silêncio de quem surpreende o outro apagando as lembranças conjugais.

(Sim, estou apagando, não me culpe, querido. Você poderá dizer que não, mas apagará também. Estou certa de que alguns restos persistentes nos acompanharão até o fim; uma recordação ou outra ainda arrancará alguma quase tristeza quando pousar no nosso interior desavisado, uma recordação ou outra pinçará nosso sorriso mais delicado, talvez após uma madrugada agitada, um corpo novo ao nosso lado dormindo longe de nós, eu e você abraçados num ontem que, como todo ontem, algumas vezes é como se nunca houvesse existido, algumas vezes é mais concreto do que o lugar aonde nossos sentidos deveriam se esforçar para nos levar agora.)

Você está saindo com alguém, ele pergunta, a pergunta que entrou antes mesmo da campainha, a curiosidade que paira sobre sua xícara com mais intensidade do que o cheiro quente dos nossos cafés. Sirvo os ovos, me sento diante dele, respondo que não. Mas é mentira, Ronaldo dormiu aqui esta noite, e aqui estou eu, mentindo para esse homem, mais uma vez. Repito que não, mas, se ele entrar no quarto, verá os lençóis amassados, a saia e a calcinha ainda caídas no chão; com um olhar mais demorado, notará algumas manchas avermelhadas no tecido branco, meu sangue cutucado que apressou seu curso pela madrugada, amparado pela toalha enfiada por Ronaldo sob meus quadris. Não estou com ninguém, eu friso, eu, que recebi a visita de Diego há três dias, uma bela visita, eu poderia dizer — mas não digo —, uma visita vibrante com quinze anos a menos que eu, "Você se diverte com isso de ter quinze anos a mais", Diego havia dito, "Não sei se me divirto com meus quinze anos a mais, mas certamente com os seus quinze anos a menos", respondi, oferecendo meu peito à sua boca, "Você não para", ele riu antes de chupar meu mamilo e antes que eu fechasse os olhos mais uma vez sorrindo, sorrindo, sorrindo. Ninguém mesmo, ele pergunta, estou com muito trabalho, eu respondo, eu que, há uma semana, estava mesmo com muito trabalho, porque precisei ficar no escritório por doze horas depois de passar noite, madrugada e manhã acordada com Caio, a menos de dois quilômetros de onde estamos sentados eu e ele com nossos ovos, cafés e perguntas. Caio só pode me encontrar tarde da noite, depois de acabar seu turno no jornal, eu gosto de fazer assim: lá pelas onze, onze e meia, peço um cappuccino duplo na cafeteria ao lado da casa dele e vou tomando devagarzinho e lendo; de tempos em tempos levo os olhos do livro para a porta, da porta para o livro, até que o cliente entrando finalmente seja Caio, e então seguimos juntos para seu quarto. Sempre fui de dormir cedo, mas eu poderia dizer — mas não digo — que meus bocejos e olhos pesados desaparecem assim que Caio entra no café e me dá um beijo no rosto e outro no pescoço, a mão decidida na minha cintura, o cheiro daquele tipo de homem que parece sempre ter acabado de sair do banho, o áspero da barba e do lindo cabelo crespo combinado com a delicadeza do sabonete, cada pelo limpo do seu corpo como que me pedindo para jogar a xícara no chão e afundar nariz, boca e dedos e afundar-me. Eu estou com alguém, ele fala em um tom longe do sadismo, talvez seja até mesmo uma espécie de oposto do sadismo, é quase uma confissão — uma necessidade de ter a minha bênção, eu, essa madre inferiora sem nenhum poder divino a respeito de nada. Levo um susto do tamanho de um salto curto. Ele quer a consciência em paz porque seguiu em frente apesar de seu "eu nunca vou esquecer você", apesar de seu "eu vou te esperar pelo tempo que você quiser", apesar de ele ser ele. Eu não voltaria para ele, eu estava certa disso desde o minuto em que lhe pedi para deixar este apartamento; contudo, sua confissão, já mais assentada em mim, agora me faz duvidar: ele pode estar com alguém, mas, se eu quiser, abandonamos nossas xícaras cheias de palavras e aproximamos nossos corpos em questão de segundos, basta um movimento meu, eu sei, ele está, mas não está com alguém, ele saiu e não saiu deste apartamento, eu sei, eu preciso saber disso, eu não quero ser esta pessoa que precisa saber disso, eu não quero ser esta pessoa tão sufocada pela fumaça do próprio calor humano, mas parece que eu sou. Sofro pelas minhas necessidades, sofro pelos meus limites, sou refém de ambos, mesmo assim. Não sei se acredito na liberdade. Acredito nessas quenturas carregando suas fuligens subindo dos meus pés para as minhas pernas para a minha buceta subindo subindo e então descendo descendo e então subindo subindo num redemoinho quente sem fim. É por isso que às vezes acordo gritando no meio da noite? Para arejar minhas labaredas, cuspir um pouco do que sei que sou e do que não sei mas sou, como um dragão cego e raivoso tentando sobreviver?

Levanto-me em uma pequena pausa sádica, essa sou eu, essa que faz pausas sádicas, e meu maior erro, talvez, tenha sido acreditar um dia que eu era uma pessoa apenas boa. Que pretensão, e foi essa pretensão que me ligou a este homem. Uma relação pacata de onze anos atravessada por uma mentira, mas é possível, eu me pergunto, é possível amar mostrando quem somos, é possível amar vendo quem os outros são, é possível amar esse nós nem um pouco são, é possível amar?

Pego o bule, completo as xícaras, retiro os pratos vazios, sento-me séria. Meu riso nunca foi perplexo como o dele, minhas sobrancelhas não são tão generosas, eu nunca fui boa como ele, eu nunca fui boa com ele, que erro ter acreditado que eu era e que eu podia, que erro, que erro. Você não me esqueceu, tenho vontade de dizer, deixe de ser ridículo, você não me esqueceu, será que você me esqueceu, tenho vontade de perguntar, será, e será que não vou desaparecer com esse esquecimento, será que sobra algo de mim se você e se o Ronaldo e se o Diego e se o Caio e se todos eles que foram e todos eles que virão se todos vocês sumirem, será que sobra algo de mim? O que sobra? Abro a boca, faço que vou dizer algo, não digo nada, talvez só tenha aberto a boca na esperança de algum esfriamento, um esfriamento rápido que fosse.

Abro a boca novamente e agora pergunto se ele está feliz. Ele responde que sim. Ele sempre responde rápido esse tipo de pergunta. Ofereço um pedaço de bolo, ele aceita, eu me levanto, ele vai ao banheiro, ponho-me a procurar a faca, essa não, essa também não, onde está a faca? Sinto-me tentando caminhar embaixo d'água, tenho vontade de beijá-lo não por necessidade corporal, mas por imaginação, fantasia, onipotência, por todas as tentativas pífias de defesa e organização; sinto-me prisioneira de algo que não sei o que é, algo que me devora, e sinto que não alcanço quem sou, que finjo para mim que sou pedaços de mim. Você abandonou este homem, digo a mim mesma, você abandonou este homem, e a água me tragando para mais fundo, a água me tragando sem me apagar. Esta água, este fogo, este homem, esta cozinha, esta minha vontade de bondade, eu não aguento mais. Como fui capaz de viver por tantos anos fingindo que era outra pessoa, como me impus contas e mais contas que nunca fui capaz de pagar? É possível passar uma vida inteira fingindo, eu me dei conta disso não faz muito tempo, é possível passar uma vida inteira fingindo e arrastando um esgoto atrás de si, o cheiro forte disfarçado pelos bueiros de cada ato bem-intencionado, o lixo transbordando pela pia supostamente limpa. Quando me casei com este homem, meu guarda-roupa era todo de peças emprestadas, nada cabia bem em mim, e mesmo assim eu me olhava no espelho e fingia que tudo aquilo me servia. A minha maquiagem, o meu corte de cabelo, os móveis que eu escolhia, o modo como eu me encolhia, o calendário dos outros colado na minha parede. Eu acordava dormindo, e esse sono profundo era uma camisa de fraqueza: eu de olhos fechados me forçando em formatos pré-fabricados, eu sem me tatear, sem me reconhecer, sem ser, imprimindo fotos de álbuns nos quais eu nunca estava, penetra na minha própria celebração, como isso tudo aconteceu diante dos meus olhos sem que eu visse, sem que eu visse e ao mesmo tempo com a minha permissão? Como as coisas são doidas, como tudo é doído, como a própria cegueira pode ser estranha. Mal comecei a namorar esse homem que está no banheiro, esse que foi meu primeiro namorado, o segundo homem que eu beijei na vida, e já o coloquei no lugar de um mapa, ele-o-caminho-invisível-oásis de um planeta que eu nem sabia qual era, mas aonde eu queria chegar. Eu queria descansar nele. Experimentar o vivo com seu corpo, botar os seus órgãos para usar os meus sentidos, terceirizar meu eu, fazer qualquer coisa com meus territórios, exceto ocupá-los. Eu passava o tempo entre a cama feita de manhã, os beijos dados à noite, como foi seu dia, e o seu, a sopa servida, a televisão ligada, as conversas de amigos que vinham aqui em casa, eu entrava nesta cozinha e abria esta geladeira, esta mesma geladeira, para pegar um vinho para todos nós, e então eu voltava até a sala para estar perto de quem eu não queria estar perto, mas estava. Por que não passei mais tempo na cozinha, por que sempre fui tão rápido e tão desatenta ao banheiro? Quando eles riam, eu ria, quando ficavam sérios, eu ficava séria, quando o telefone tocava, eu atendia, as cartas chegavam e eu recebia, os documentos apareciam e eu assinava, eu dava a eles tudo o que eu imaginava que eles quisessem de mim, ninguém me pedia isso, mas, mesmo assim, eu ia lá e dava, eu que fiz tudo isso sem ser forçada por ninguém além de mim, quer dizer, não era bem um mim, era outra coisa, uma sombra um simulacro um desespero uma tentativa, ou, quem sabe, uma tentativa torta de fugir do desespero, eu não sei bem se já entendi bem o que isso era, o que aquela outra vida era, o que aconteceu, de fato. É difícil olhar para trás, é impossível olhar para hoje, mas é difícil olhar para trás, difícil olhar para meu ex-marido, muito mais difícil ainda sempre foi olhar para mim: o que aconteceu, tenho vontade de perguntar quando ele volta do banheiro, me diga? O que se passou? Onde eu estava? Quem era aquela que se despedia quando você saía para o escritório, que preparava um chá neste fogão, que olhava pela janela da cozinha enquanto a água fervia, que dormia sem gritar, que limpava freneticamente os rejuntes dos azulejos, que sentia cheiros pela casa, você se lembra? O cheiro ruim do lixo que eu tinha acabado de botar para fora, da cozinha que eu tinha acabado de limpar, eu esfregava a escovinha ensaboada nos rejuntes e o fedor de rio poluído continuava, os rejuntes cada vez mais sujos, minhas mãos cada vez mais cansadas, e os comprimidos, você se lembra dos comprimidos? Do meu olhar perdido quando você falava, das palavras que saíam da sua boca e eu não ouvia, da água que terminava de ferver e eu não percebia, da comida que queimava e eu não via? Você se lembra daquela vez que choveu, as janelas todas abertas, eu trabalhando em casa sem fechá-las, você chegando e me perguntando o que havia acontecido, eu respondendo que não sabia? Eu que não percebia a chuva, eu que não ouvia a campainha, eu que perdia os prazos, que perdia a hora de acordar de manhã, eu que era casada com você que morava sozinho? Eu que só dormia com os comprimidos, meus braços que não o tocavam quando você me abraçava, você se lembra disso?

Ele está falando sobre o trabalho, a transferência, a promoção, e eu vou tateando o interior das gavetas; quando me viro, surpreendo-o olhando minha bunda. Ele ergue o olhar para a altura do meu e eu me sento e me sinto mais conformada, ele está com alguém, mas pensa em mim, estamos e não estamos separados, essa distância eu consigo suportar. Faz quanto tempo que eu me descobri gente? É tão novo, isso, tão novo reconhecer o próprio inferno, as chamas de mim, eu me chamando. Quando formos mais íntimas, minhas chamas e eu, eu me queimarei menos, eu serei capaz de caminhar dentro de mim, eu serei eu? É possível que eu veja o mundo com meus olhos? Que eu sinta os abraços com meus braços, que eu ria as risadas que quero rir? É isso que venho tentando fazer desde que ele saiu, desde que eu o expulsei, eu sei, ele não fez nada para ser expulso e eu o expulsei, imobilizei-o com golpes anêmicos, condenei seu corpo com uma enfermidade que era minha, envenenei seus órgãos com minha fome, meu vazio. Tenho gozado muito e com tantos desde que ele saiu, tenho sentido a beleza e a feiura das coisas com mãos que às vezes me parecem minhas, tenho apalpado os móveis, roçado no áspero do tapete, e, mais do que nunca, percebido quando chove. Nem sempre reconheço o que vejo, e nem sempre confio nas minhas retinas, ouvidos e dedos, mas sigo, percebo que ainda tropeço, que ainda vou tropeçar, que ando tropeçando como nunca, é verdade isso de que os bebês aprendem a andar? Depois que ele saiu, comecei a desenhar, eu poderia ter desenhado antes, mas só comecei a desenhar depois, eu não sei o que me deu, sei que entrei em uma papelaria e comprei papel e comprei lápis e até hoje, nas horas livres, desenho libélulas.

Tínhamos um casamento tranquilo, ele comenta, eu na metade do pedaço de bolo, mas eu, que não acredito que tínhamos um casamento, quanto mais tranquilo, penso de boca cheia que não se pode amar quando não se conhece: isso apenas parece amor. Eu também não o conheço, a cama dividida por onze anos não ficou com nosso cheiro. Tento explicar, ele só se franze em seu sorriso de porta sanfonada, os dentes simpáticos sem cobrir totalmente o desarrumado cômodo dos fundos: como pudemos nos conhecer, eu pergunto, se com você, se com nós dois eu não era eu? Se bem que não acredito que seja possível enganar o outro tão bem assim, você presenciava meus engasgos, suspeitava das minhas sombras que se erguiam nas frestas, no chuveiro ligado por tanto tempo, na sala abandonada quando as visitas iam embora. Você tinha medo que eu fosse embora, eu tinha medo de ficar, e amor não é medo, o medo existe em torno do amor, como uma colônia de bactérias que tenta devorá-lo, o medo não é o amor, e se eu e você tivéssemos como desinfetar nossos corações já seria tarde, já não teria sobrado nada. Não éramos verdadeiros ao dizer eu te amo, a verdade era só uma: "Eu tenho medo de viver sem você", e tão ridículo quanto eu ter acreditado que te amava é, talvez, você acreditar que ainda me ama, não, não, ridículo é eu estar aqui querendo que você ainda me deseje, mesmo tendo descoberto que seu desejo não diz sobre um amor que hoje sei que não existe, mas sobre o risível o mundano o patético cheiro de fumaça que brota em nossos corpos em você em mim.

Quando termino de falar, estou chorando, ele me abraçando, acariciando minhas lágrimas, cheirando meu cabelo, por que é tão difícil, me diga, por que as ilusões nos parecem tão reais, por que saber que isto é um sonho não nos basta para despertar? Isto não é um sonho, ele me diz e me beija, você está com outra, eu digo, mas ele diz apenas: não vamos falar disso agora. Tropeçamos em beijos até o quarto, tiramos nossas roupas, ele não nota as manchas no lençol, eu não sinto que estou fingindo, mas que respiro entre os fingimentos que passamos juntos. Não sei mais o que sinto, o que finjo e no que acredito, tudo é tão cansativo, mas, agora, enquanto nos beijamos, não sinto esse cansaço. Ele é todo pressa serena, saudade e perfume, e eu sou um buraco no espaço, uma trégua de tudo o que narrei e vivi nos últimos tempos. Ele consegue ser delicado e rápido, eu estou descansada e afoita; depois que termina, nos abraçamos em silêncio, em silêncio caímos no sono.

Acordamos e não se enxerga nada no quarto, e não perdemos tempo tentando enxergar nada: não é hora. Ele beija o primeiro pedaço da minha pele que sua boca descobre e então se levanta. Ouço-o se vestindo, ele se despede, acompanho o som de seus passos até a sala. Não sei se é impressão minha, ou se, junto com o abrir da porta, escuto um nariz fungando, um peito se inflando e murchando. A porta se fecha. Estou no escuro, estou parada na cama, sinto-me parada agora. Amanhã continuo. Hoje é um mistério, sempre foi.

3 Faça uma massagem nos pés da pessoa

Minha avó sempre me deu os conselhos mais improváveis. Ela me criou dos quatro aos nove anos, até que Tânia resolveu retomar sua função de mãe biológica mais ou menos como alguém compra passagens após constatar com certo tédio: "Faz tempo que não viajo". Minhas amigas que têm filho pensaram muito antes de se tornarem mães: "É uma viagem sem volta", uma delas disse quando decidi engravidar. Entretanto, para Tânia, a maternidade estava mais para um passeio no litoral no fim de semana. Por isso, vó Helena também me criou em sua casa, no interior de Minas Gerais, depois dos meus onze anos, quando Tânia se desinteressou mais uma vez pela rotina comigo, como se nuvens repentinas tivessem coberto o céu e fosse hora de recolher os pertences na areia, lembrando-se de devolver os que não eram dela.

Na minha primeira chegada, Tânia já no portão depois de dizer umas poucas palavras à mãe dela, recebi alguns biscoitos e fui orientada por vó Helena a não quebrar nada e a não pegar mais biscoitos no pote até a hora do jantar. Lembro dela torcendo a parte de trás do meu vestido e prendendo-a com um pregador de roupa; consegui andar melhor depois disso. Então ela sumiu pelo quintal e só apareceu de novo um bom tempo depois, avisando que iríamos jantar na casa de sua vizinha

Neusa. Na segunda vez, ela me recebeu com dois sacos de lixo: "Bota lá fora, meu bem, mas vai logo, que o lixeiro já vai passar". Talvez aquela espécie de desdém alegre fosse para deixar as coisas mais leves, um modo de dizer "não é nada de mais o que está acontecendo, e não é culpa sua". Ou talvez fosse só o jeito dela mesmo. De qualquer forma, aprendi desde cedo que, quando se trata de usar a imaginação, é melhor criar versões mais bonitas das coisas, em vez de piorá-las. É preferível isso a viver preocupada como minha filha, Cristina, que, aos vinte e quatro anos, já tem um vinco suave, mas visível, no meio da testa. Cris fala que costumo fugir da realidade, mas não acho que fugir da realidade tenha a ver com imaginar coisas, e sim com *fazer* certas coisas — como abandonar o filho, por exemplo. Mais do que fugir, imaginar é conseguir ficar. Nunca acreditei que pode bater bem da cabeça alguém que vive no mundo real o tempo todo. Trabalho como ilustradora, e, quando estou no meu estúdio, Tânia não pode ter existido. Quer dizer, depende do dia. Sempre dependemos dos dias.

— Comece a beber — vó Helena me sugeriu, quando comecei a ter problemas para dormir, poucos meses depois do nascimento da minha filha. Eu amamentava na cadeira de balanço da casa dela, onde tinha ido passar o feriado da Páscoa. Estava irritada por conta da insônia nas últimas noites, incomodada porque minhas costas doíam, triste porque Francisco havia me deixado. Vó Helena bordava panos de prato ao lado de Neusa. Eu disse que estava pensando em tomar algum calmante prescrito pelo obstetra, mas ela apenas se levantou e voltou com uma garrafa de cachaça. — Quero ver se você não dorme assim. Vai acalmar você e a bebê.

Francisco é meu pai. Quando eu estava amamentando a Cris, o pai dela e eu ainda éramos um belo casal, embora, naquele feriado, não estivéssemos falando um com o outro. E já fazia muitos anos que Francisco havia me deixado: foi antes mesmo do meu nascimento, mas só agora eu me forçava a sentir um pouco de raiva dele, como se a raiva pudesse ser não uma reação, mas fruto de um esforço. Quem me contou seu nome foi minha avó. Apesar de não ter conhecido Francisco, nunca consegui cultivar por ele o rancor que sempre cultivei por Tânia. Não sei por quê. Tânia foi uma péssima mãe, quer dizer, uma tentativa fracassada de mãe, ou melhor, será que ela tentou? Ela foi uma caricatura da maternidade, uma propaganda ruim de Dia das Mães. Mas e meu pai? Ele nem uma tentativa foi, ele se foi. E, no entanto, me refiro a ele como pai. Tânia não ficou comigo por todos os anos, e eu me lembro de suas críticas intermináveis quando morei com ela, seus sumiços e suas explosões. Lembro de como ela repetia que meu cabelo era feio, seco, e que eu era chata e irritante. Lembro daquele dia em que ela não voltava nunca e fiquei raspando a panela de arroz deixada em cima do fogão. De quando eu estava jogando um jogo de tabuleiro com minhas bonequinhas e ela atirou o tabuleiro para cima, cada pecinha que eu tinha montado voando pelo ar e indo parar embaixo da cama, atrás da porta, da cortina. Mas foi Tânia quem me deu aquelas bonequinhas, aquele jogo de tabuleiro. Foi Tânia quem me alimentou, me vestiu, me matriculou numa escola, me levou para o hospital quando quebrei o braço. Por que as falhas de quem ficou são mais odiosas do que a ausência de quem foi embora? O vazio paterno, eu era livre para preencher com a imaginação. Talvez seja por isso que aprendi a sonhar acordada sonhos tão bons. Ele me deixou porque era muito pobre, me trocou por um punhado de feijões mágicos, seu plano era me pegar de volta assim que comesse, ficasse forte de novo e conseguisse um emprego, mas não deu tempo, morreu de fraqueza antes da primeira garfada. Eu só não entendia por que Tânia não dava comida para meu pai, já que ele era tão pobre, mas as bruxas más das histórias são assim, nem sempre a gente entende a motivação delas. Me doíam aqueles dois retratos em preto e branco que vó Helena mantinha na sala, Tânia como uma criancinha alegre e como uma adolescente de olhos calmos. Minha avó quase nunca falava dela, mas eu sempre recebia alguma notícia não solicitada trazida por minhas duas tias: estava casada com um empresário nos Estados Unidos, estava trabalhando em um navio, estava morando em uma casa com seis pesquisadores e ajudando num projeto ecológico na Amazônia — tudo isso me soaria muito aventureiro, muito glamouroso, se estivessem falando da mãe dos outros, não da minha. Para mim, eram apenas descrições grosseiras e sem pé nem cabeça da vida de uma mulher perdida e egoísta.

— Antes de começar uma discussão, faça uma massagem nos pés da pessoa. Assim, como estou massageando os seus agora. Não, não quero discutir com você, estou apenas lhe mostrando. Só quando tiver massageado todos os dedos e passado para a planta do pé, comece a falar o que tem pra falar. Não pare os movimentos. É muito difícil alguém se dispor a brigar quando está tendo os pés massageados.

Esse conselho, vó Helena me deu quando conheci meu primeiro namorado. Ela gostava muito dele, mas achava que não daria certo.

— Você é complicada, ele é simples. Pessoas simples devem ficar com pessoas simples, para se entediarem juntas. Elas gostam disso. De engordar, jogar cartas, ver TV, desistir de ir até ali por preguiça de andar. Quando uma erra, a outra esquece num instante, mas dificilmente alguém comete um erro grave nesse tipo de casamento. Pessoa simples com pessoa complicada, isso no começo é bom, principalmente para a pessoa simples. Ela vai ficar fascinada pela pessoa complicada; pode até se irritar de vez em quando, mas vai acabar cedendo para acompanhá-la em aventuras que jamais teria coragem de viver sozinha. Esse homem vai ficar cada vez mais apaixonado por você, por seus altos e baixos e pelas oportunidades que a vida ao seu lado lhe oferece. Aos poucos, os amigos e a família dele vão passar a odiá-la, mas ele continuará tragado por você, por suas explosões imprevisíveis, seus compromissos cancelados de última hora, suas tristezas sem explicação. Até que um dia você vai se cansar dele. Vai perder o interesse em ouvi-lo, vai perder a vontade de fazer sexo e, por fim, vai largá-lo. Ele vai ficar com o coração partido e demorar para te esquecer, talvez nunca te esqueça.

— Então o que você está me recomendando, vó, é que eu termine com esse homem ótimo que está ao meu lado e arranje um namorado complicado.

— Isso mesmo, meu bem.

Casei com meu ótimo namorado. Foi meu primeiro ex-marido. Minha avó tinha razão.

Conheci o pai de Cristina na movimentada avenida Brigadeiro Luís Antônio, meu segundo endereço em São Paulo. Tinha me separado havia pouco tempo, morava com três amigas e sempre tinha alguma coisa para fazer quando não estava trabalhando na prancheta ao lado da minha cama — viagens, festas, churrascos, cervejas com o pessoal do meio editorial. Parece que tudo era muito fascinante, e talvez fosse, mas o que eu mais lembro era que, embora eu conhecesse muita gente, as conversas costumavam ser as mesmas: o mundo como ele era *versus* o mundo como nós queríamos que ele fosse. Naquele dia, eu estava indo ao supermercado comprar petiscos para receber mais tarde o pessoal do grupo de leitura. Ah, eu adorava aqueles encontros. Nossa ideia era ler os diários completos da Anaïs Nin, mas líamos duas páginas, começávamos a conversar e passávamos o resto da noite tomando groselha, fumando maconha e rindo (às vezes, só às vezes, tenho saudade da juventude). Parei na calçada até que o farol ficasse vermelho. Quando isso aconteceu, dois carros em cima da faixa de pedestres dificultaram a passagem da pequena multidão de que eu fazia parte, até que um dos transeuntes pulou em cima do capô do primeiro carro, um Fiat 147 branco, lembro bem, voltou para o chão e caminhou por cima do capô do segundo carro, esse eu já não lembro qual era. O sujeito ainda gritou impropérios aos motoristas enquanto caminhava até a calçada. Era ele. Sua atitude me impressionou, e sorri assim que, no farol seguinte, ele olhou para mim. Quer dizer, antes ele olhou o *Asterix* embaixo do meu braço — eu tinha levado para ler na fila do supermercado. Gostei dele porque ele subiu em dois carros para atravessar a rua, ele gostou de mim porque eu lia *Asterix*, veja como começam os casamentos. Só conversamos no outro dia, ao nos reconhecermos em um restaurante próximo dali — eu morava a duas quadras da agência bancária onde ele trabalhava, descobrimos enquanto esperávamos nossos pratos. Passamos a nos encontrar mais vezes naquele restaurante, onde sempre havia muitos jovens. Era um lugar barato e bom, dificilmente eu encontrava mais de dois fios de cabelo no meu prato.

— Vá contando para ele histórias com amigos homens que você tem, mas invente alguns nomes — sugeriu vó Helena, depois de conhecê-lo. — Assim, quando você fizer novas amizades com homens ou tiver um namorico, vai poder falar: "Nós nos reencontramos agora, mas já nos conhecíamos, lembra daquela história que te contei sobre ele?".

— Por que eu faria isso, vó?

— Vocês vão brigar muito por ciúme. Vão brigar por outros motivos, também. Por quase tudo, na verdade. Vocês passarão alguns momentos tranquilos, mas, de repente, a paz irá embora. O dia a dia de vocês será um inferno.

— Mas esse não é o tipo de casamento que dá certo? Eu complicada, ele complicado.

— Sim, dá certo. Vocês gostam de dias infernais, isso é dar certo pra vocês.

— Vó, pra você existe um casamento que seja harmônico? Sem que seja um tédio ou um inferno?

— Não existe, meu bem, não estamos falando de harmonia, estamos falando de casamento.

Foram catorze anos de brigas infinitas e também de cachaças muito alegres, não para dormir, mas antes de transar. Conversávamos sobre tudo, tínhamos um tesão infinito um pelo outro, gritávamos de prazer e de raiva, atirávamos objetos nos nossos piores dias, devolvíamos chaves, alianças. Ele rasgou nossa certidão de casamento poucas horas depois de comemorarmos a quitação da casa; quando Cris era recém-nascida, brigamos feio, e ele dormiu nos pais dele por três noites, e o pior é que não lembro o motivo da briga, mas lembro que começou quando comentei que a voz do locutor do programa de rádio que estávamos ouvindo era um pouco estridente. Eu arranhei o peito dele na volta de uma viagem curta a trabalho, após encontrar um preservativo usado no fundo da lixeira do banheiro; cerca de um ano antes, depois de descobrir por um telefonema anônimo o caso que eu estava tendo com um velho amigo, ele tinha impedido minha entrada em casa e jogado um monte de coisas minhas pela janela. Brigávamos por ciúme, por dinheiro, por pequenas gravidades e também pelas maiores tolices, e depois fazíamos as promessas de amor mais absurdas. Cris era uma criança tão alegre, nossa casa era adorável, os amigos sempre nos visitavam, e tudo era muito cansativo e muito bom, até que ele foi ficando cada vez mais magro, descobrimos num mês de julho que ele estava doente e, no Natal, ele já não estava mais conosco. A Cris tinha dez anos e nunca mais voltou a ser sorridente como antes.

— Agora você se arranja com uma mulher — vó Helena sugeriu, pouco depois da missa de sétimo dia.

— Por favor, vó, hoje não.

— Ficar sozinha não vai te fazer bem, você não é o tipo de pessoa que sabe ficar sozinha. E, como você era louca pelo seu marido, se arranjar outro homem, vai comparar com ele o tempo todo. Ter uma companheira pode parecer estranho no começo, mas depois você vai acabar gostando, preferindo até.

Só após a morte da minha avó eu soube que Neusa, sua vizinha, era, na verdade, sua companheira. Elas haviam ficado juntas não porque minha avó queria esquecer meu avô, que a largou para ficar com a outra família que ela nem sabia que ele tinha, mas porque se amavam muito, e foi uma grande emoção para ambas quando ele saiu de casa.

— Sua avó era uma pessoa muito especial — Neusa me disse, quando contou a história das duas, no baile de formatura da Cris.

Minha filha ria e dançava com os amigos, enquanto eu e Neusa conversávamos com dificuldade por causa da música. Gosto tanto quando Cris está como naquela noite, despreocupada, leve. Lembro de tê-la visto gargalhando quando eu e Neusa andávamos em direção à área externa do salão. Lá fora, Neusa tirou com a mão bem enrugada um cigarro de sua bolsinha brilhante e começou a falar do amor pela minha avó, como se eu já soubesse que eram um casal. Eu não sabia. Mas sabia, sim, que minha avó era muito especial. E, por mais que nunca tivesse me contado nada, eu estava certa de que ela tinha vivido com Neusa um bonito casamento — um casamento de pessoas simples e belas, nada entediantes.

O som tocava alto no salão enquanto eu ouvia Neusa e não pensava em Tânia, nem tentava imaginar coisas boas acontecendo.

4 Ninfeta

Não são nem seis da manhã quando Érica está puxando a mala de rodinhas do quarto para a sala. Confere se os documentos estão na bolsa. Pegou toda a maquiagem? Os dois batons novos, está levando? Computador, vai precisar de um novo. Ou leva o notebook que está no quarto e foda-se? Não, não vai levar. A mãe usa. Abaixa-se para pegar as chaves que caíram, sente a cabeça latejar.

— Você vai mesmo, então. — A mãe vem lenta do quarto, camiseta velha, o cabelo quebradiço despenteado, o hálito matinal se misturando ao cheiro de álcool impregnado naquela boca, naquele corpo e em cada canto daquele apartamento. Érica coça os olhos. *Não precisa chorar. É só ir embora.*

— Vou, mãe. Não dá mais pra mim, não.

— Você sempre foi fraca, Érica. A vida não é fácil pra ninguém, você não pode se magoar com tudo, não. E a escola? Vai largar no último ano? — Seus lábios se mexem num quase risinho enquanto a cabeça balança de um lado para o outro. Ela encara Érica por alguns instantes, como costuma fazer nessas horas em que parece relutar entre criticar a filha e largar tudo para Deus. — Bom, então larga, você nem tá indo mesmo — diz finalmente.

— Como se você ligasse pra minha vida escolar!

Faz quatro horas que Érica chegou de uma festa, na sua boca o mesmo odor do apartamento. Tudo à sua volta estava escuro e mudo, e ela trancou a porta sem fazer barulho. Fazia quase trinta graus em São Paulo, e ela foi logo se livrando da blusinha apertada antes de seguir para a cozinha com seu sutiã rendado, as pernas esguias na calça jeans justíssima, salto doze. Foi caminhando e prendendo num coque o cabelão fino e levemente ondulado que todos elogiavam. Enormes argolas pendiam das orelhas. Suas têmporas estavam suadas e com pontos de glitter migrado das pálpebras, o esfumado dos olhos ainda bem escuro, quase tão impecável como o desenho arqueado das sobrancelhas. Nem sinal de batom nos lábios delicados ou do blush passado antes de sair em sua pele lisa. Acendeu a luz da cozinha. A louça acumulada na pia, o ferro de passar em cima da mesa. A vidraça quebrada cinco meses antes seguia coberta pelo plástico preto colado com fita adesiva. Érica abriu a geladeira, tomou um gole d'água, fez uma pausa para sentir se queria vomitar ou se era alarme falso. Estava encostada na pia quando Claudio surgiu sem camisa. Ela quase deixou o copo cair, a zonzeira como que evaporou com o calor.

— Demorou, hein! Aproveitou bastante? — Ele passou a mão na barba, ela tampou o peito. Onde está a blusinha mesmo? — Ei, espera, vamos conversar — ele falou quando ela rumava para a sala.

Então ele a pegou pela cintura, ela gritou, ele riu, mordiscou o pescoço dela e agarrou um seio, quando a luz se acendeu junto com a imagem da mãe e sua camiseta desbotada.

— Que que tá acontecendo? Que confusão é esta na minha casa? Solta ela, Claudio! Solta!

Claudio obedeceu gargalhando, não sem antes fazer o movimento que arrepiou Érica quando ela tinha quinze anos — com o indicador e o dedo médio em forma de V, ele deslizou a mão pelas partes íntimas dela, do ânus ao púbis, parando para apertar com os dedos em gancho no meio do caminho. Eu estava chapado, não me lembro, você tá inventando coisas, foi uma brincadeira, ah, chega disso, para de me encher o saco — ele disse no dia seguinte, ao ser confrontado por ela. Esse movimento com os dedos foi a primeira lembrança que veio à Érica quando Claudio e sua mãe retomaram a relação, depois de alguns meses separados. Antes do término, Érica sempre dava um jeito de sair de casa quando Claudio aparecia. Agora ele estava morando com elas.

— Você tá bêbado, seu moço! — Era assim que a mãe o chamava quando estava nervosa, "seu moço". — Tá até tropeçando!

— Quem pegou meu celular? Onde tá minha camiseta? — Ele revirava o sofá, jogando as almofadas empoeiradas no chão.

— Seu bebum! Só faz besteira quando tá assim!

— Cala essa boca! — Ele empurrou a mãe, saiu sem camisa e bateu a porta. Ela se desequilibrou, mas não chegou a cair. Foi rápido, Érica pensou, a blusinha na mão. *Acabou, fica tranquila. Tá tudo bem.*

— Mãe, esse cara, ele...

— Por que você anda pela casa vestida desse jeito? Não tem vergonha, não?

— Tá um calor da porra, pensei que vocês tavam dormindo!

— E essa calça que mal dá pra respirar, tá parecendo sabe o que assim?

— Mãe...

— Deu pra quantos hoje na rua? Você começou a dar pra todo mundo depois que terminou com o Paulinho, você acha que eu não sei? Quer dizer, começou antes, né? A mãe dele me contou que você traiu ele! E aí você chega em casa e quer atiçar meu homem? Desde novinha você gosta de atiçar homem! Lembro de você com onze anos já balançando essa raba na cara de homem! Com cinco anos você já tinha malícia! — A voz da mãe estava aguda e estremecida enquanto ela procurava o isqueiro.

— Por que você tem que beber também, mãe? Que saco!

— Quem aqui bebe? A última vez que eu bebi faz uma semana! Para de inventar coisa!

Érica esfregou os olhos antes que as lágrimas caíssem. *Não chora. Ela tá errada e você tá certa. Você não fez nada, você estava tomando água e ele veio atrás de você, não chora.*

— Eu vou embora desta casa, vou arrumar minhas coisas agora mesmo e vou só esperar o sol nascer.

— Vai pra casa de quem? De qual homem? Casado, aposto. Mais velho. Acertei? Você só pensa em sexo! Piranha!

Ela afastou Érica com um empurrão e foi para a janela com o cigarro aceso. Em frente ao prédio, as letras vermelhas no muro chamuscado: VAGABUNDA.

— Vai subir não, seu moço? Vai ficar aí na rua? Pilantra! Cadê você? Filha da puta!!!

Ela amassou o cigarro na esquadria antes da metade e o jogou pela janela, sumiu pelo apartamento, voltou de roupa trocada e o cabelo alisado umedecido na torneira e, antes de sair, disse:

— Você tá perdida quando trouxer homem pra esta casa. Você vai piscar, vai sair pro banheiro, e quando voltar eu vou estar toda aberta pro seu homem, você me paga.

Porta batida. Mais uma vez. *Como ela é capaz de me falar essas coisas? O que se passa na cabeça dela?* Érica desprendeu as lágrimas e correu para o quarto, onde pegou a mala e foi abrindo as gavetas. Calcinhas, meias, onde está aquele short? Pente. Leva a caixinha com os livros? E os diários escritos aos treze, catorze anos? Ajeita os três pares de sapato de salto. Os tênis. Chinelos. Precisa pegar aquele casaco quente. Casacos mais finos. Roupa social. A camiseta comprida do Mickey, gosta de dormir com ela.

A cabeça girava, a mala ia se enchendo com gestos rápidos e descoordenados. Foi ao banheiro pegar a escova de dentes, viu o celular de Claudio em cima da pia, suas mãos atiraram com força o aparelho no chão, tela espatifada, olhos voltando a desaguar com tudo, lábios tremendo. Sentia-se partida em pedaços de mágoa, como um vaso mal colado que a todo momento se quebra. Às quatro e meia da manhã, estava de mala feita, banho tomado e olhos fechados, mas não dormiu. Porta se abrindo, vozes altas, passos. Beijos, risadas. Rangidos do estrado de madeira remexido pelo colchão magro. Tapas, gritinhos, palavrões.

Érica deixa a chave em cima da mesa.

— Dessa vez, não vou voltar. Tchau.

— E dinheiro também não vai me mandar, aposto. Você sabe o quanto eu já gastei com você desde o dia em que você nasceu? Tudo isso aí que você tá levando, eu que te dei, se dependesse do seu pai, você nem tinha saído da minha barriga, eu cuidei de você por dezessete anos, dei comida, dei tudo! E aí você vai embora e não vai me mandar nada, vai sumir por aí, você não presta, é igualzinha ao seu pai, você só pensa em você mesma! Mau-caráter! Pilantra! Vai dar por aí, vai! Vai e não volta! A gente colhe o que planta, você vai ver, Érica... A gente colhe o que planta!

A voz da mãe segue ecoando pelos três lances de escada que Érica desce rápido, arrastando as rodinhas.

— • —

Érica está em um bar na avenida São João, em frente à Galeria Olido. A mala e a bolsa não estão mais com ela. Entrou ali para comer uma coxinha e tomar um suco de laranja antes de deixar suas coisas em algum hotel ali pelo centro e procurar trabalho, acabou tomando uma cerveja, e mais uma, e mais uma, o álcool matinal se juntou ao álcool da madrugada e à noite não dormida, e agora ela cochila com o rosto deitado no balcão. Até um mês atrás, trabalhava como vendedora em uma pequena livraria no centro, onde foi contratada após se demitir da empresa onde era operadora de telemarketing. Tinha conseguido o emprego na hora, sem planejamento, quando caminhava em direção ao ponto de ônibus depois de passar no Shopping Light e ver a placa de "Estamos contratando". Descobriu que adorava aquele ambiente, e levou um susto triste quando o dono juntou os três funcionários e anunciou que ia fechar as portas. De lá para cá, não teve sorte procurando emprego. Agora, porém, é uma questão de urgência. Só tem duzentos reais na carteira. Não tem conta bancária, não tem plano B. Não foi uma estudante exatamente enturmada na escola, nenhuma amiga para quem possa telefonar. Stephanie, talvez? Faz tempo que não fala com ela, já saíram algumas vezes, acha que ela mora com as primas, não tem certeza. Fábio, amigo do ex, mora com um amigo, quem sabe lhe estenda as mãos, talvez possa mandar uma mensagem para ele. Uma tia no interior, com quem não fala há anos, talvez possa recebê-la, mas a ideia de se mudar para uma cidade de vinte mil habitantes onde não conhece ninguém, para morar com uma tia de quem não é próxima, mas que talvez tolere hospedá-la por um tempo... Nada parece muito promissor. Melhor um hotelzinho mesmo e torcer para ter sorte nas lojas e restaurantes. Ir com sua melhor roupa.

— Olha quem tá aqui! Psiu. Ei.

Érica abre os olhos com dificuldade. Mas quem é que... Maurício!

— Haha, que legal ver você. — Ela ajeita o cabelo e esfrega os olhos, ainda bem pintados.

— Veio direto da balada?

— Meio isso... Na verdade, saí de casa, encheu o saco, não dava mais, eu... Ei! Minhas coisas! Cadê?

— Calma, mocinha. — Uma funcionária passando um pano pelo balcão olha para ela. — Tá tudo guardadinho lá dentro. Aí, com você dormindo, alguém podia levar...

— Ah, obrigada, tia... Me vê um café forte?

— Dois — Maurício fala.

Ele puxa um banquinho ao lado de Érica. Veste calça de tecido molengo, camisa branca amassada, os óculos escuros pousados na gola. Usa um brinquinho dourado numa orelha. Cheira a perfume de qualidade, o rastro de cigarro surge ao gesticular.

— Quer dizer que a senhorita está flanando por São Paulo? Já sabe onde vai morar?

— Preciso de tudo, Maurício. Casa, emprego, juízo... — Ela gargalha. — Ai, que vergonha, você me ver assim com esta cara de acabada.

— Ô. Tá horrorosa, mesmo.

Ela abaixa a cabeça e sorri, esfrega os olhos ainda sonolentos. Chegam os cafés. Ela conta sobre as últimas discussões com a mãe. Maurício olha nos olhos dela, concorda com a cabeça, estica um guardanapo quando ela começa a chorar. Lembra a Érica que ela é muito jovem, compartilha momentos difíceis de quase quarenta anos atrás, quando ele também saiu de casa, foi morar em uma pensão, não fazia a menor ideia de como viver dali em diante.

— Teve um dia em que eu acordei no meio da noite com um filho da puta com o pinto de fora me apalpando. Você imagina, eu era um moleque de dezesseis anos, naquela época era tudo muito diferente, eu tinha uma confiança misturada com inocência, a mentalidade de uns doze anos, eu ficava a toda hora olhando minha mão pra ver se não tinham nascido pelos, porque minha mãe falava que era isso que acontecia com quem batia punheta...

Érica ri, os olhos voltando a brilhar, o semblante mais tranquilo. *Tá tão bom ele aqui comigo.*

— Quanto tempo você ficou nessa pensão?

— Ah, uns dias, uma semana, sei lá, depois eu fui morar com meu tio, lá no Rio, um mala, mas morava num prédio com piscina em Ipanema. Escuta, vai dar tudo certo. Você tá assustada, é normal, mas daqui a um tempo você vai olhar para essa fase com carinho, é, você tá rindo, mas é a minha aposta, você vai olhar com carinho, sabe por quê? Porque é um período cheio de dor, mas também cheio de possibilidades. Pode falar que eu sou piegas, mas a vida é meio piegas. Este é o maior desafio de escrever sobre amor, acho: não ser piegas. Tô apanhando no meu novo livro, te contei que eu tô escrevendo minha primeira história de amor? Uma editora me encomendou e falei: beleza, é hora de resolver isso. Mas tá foda. Fugi de escrever sobre o amor a vida toda, a ficção policial e a ficção científica me pareciam tão mais simples... As autoras são mais corajosas do que os autores: são ótimas para escrever sobre o amor, ele flui naturalmente pra elas. A gente, homem, a gente é muito mané, apanha pra escrever sobre essas coisas.

Maurício ainda está falando quando Érica detém o olhar num passarinho que acaba de pousar no balcão. Com as asas cinza e o peito alaranjado, ele bica pedacinhos de comida, levanta a cabeça, olha para trás e para os lados rapidamente, volta a bicar. Seus olhinhos bem despertos cruzam com os olhos pintados de Érica. Ele cata mais alguns pontinhos esbranquiçados pelo balcão e sai voando.

— Vamos andando? — Maurício pergunta, tirando a carteira do bolso.

— Hã? Ah, vamos, sim.

No caminho até o ponto de ônibus, conversam sobre quando se conheceram. Na livraria onde Érica trabalhava, Maurício lançava seu sétimo livro. No fim do evento, ele disse: "Ei, você, mocinha, qual é o seu nome?... Érica... Poxa, Érica, você não deu atenção nenhuma pro meu lançamento, você, hein... Ficou passando pra lá e pra cá, tão concentrada... Tá na hora desse seu expediente acabar, tá não? Cadê o seu chefe? Ei, camarada, libera a mocinha aqui pra ela curtir o lançamento com a gente!". Logo Érica estava com exemplar autografado na mão e rindo na rodinha com os últimos convidados, um grupo de amigos da faixa etária de Maurício, todos escritores. No final, foram tomar cerveja num bar ali do lado. Insistiram para que Érica fosse, um se ofereceu para carregá-la no colo. Uma cervejinha só, ela disse. Combinaram de ir para a casa de um deles, insistiram, mas ela tinha escola no outro dia, e, além disso, o namorado não ia gostar, explicou. Voltou no metrô alegre, sentindo que a vida era mágica e cheia de aventuras e que ela era adulta, mulher. Dali a uma semana, numa sexta, depois de uma discussão com o namorado, saiu com três vizinhas com quem mal conversava para uma balada aonde nunca havia ido, acabou tomando seu primeiro porre e fazendo sexo com dois desconhecidos. "Segura a Érica que ela tá loucaaaa!", as vizinhas disseram, também bêbadas, morrendo de rir, quando Érica passou por elas. *Parece que tô flutuando, que delícia isso de ficar zonza, que coisa boa.* Fechada com os dois no banheiro, o batidão da música vindo de fora, as mãos cheias de anéis e pulseiras apoiadas sobre a privada e a saia levantada, Érica explodiu de tesão e liberdade. Na segunda-feira, a escola toda já sabia. Segunda à tarde, Paulo escreveu VAGABUNDA no muro em frente ao prédio onde ela morava. Érica passou os dias envergonhada e com raiva, indo à escola, mas na dúvida se terminava o ano. Na quinta, soube que um dos rapazes que esteve com ela na balada tinha apanhado de Paulo e estava ameaçando quebrar a cara dela. Não foi à aula na sexta. À noite, vodca, e pela primeira vez cocaína, e três rapazes se revezando no banheiro da balada. Um quarto adolescente se juntou ao grupo a caminho do motel.

O apartamento de Maurício, na Vila Buarque, quase Higienópolis, está bem-arrumado, a diarista foi no dia anterior. Distribuídos em três grandes estantes na sala e mais uma no corredor, cerca de dois mil livros. Pelas paredes, desenhos e esboços de artistas — "bem conhecidos", explica Maurício.

— Este aqui é do Rômulo Leite, porra, como você nunca ouviu falar do Rômulo Leite? Este aqui é do Nilson Silviano Brandão. Essa aquarela aqui ganhei do Tomás Arruda, tá vendo... Ele era um garoto quando fez, agora vale uma fortuna. Vou te apresentar o Tomás, é um figuraça. Ele vai adorar você. Tenho uma reunião à tarde, e depois uma entrevista com uma cantora mala, um saco... Você fica aqui como se fosse sua casa. Vou preparar uma comidinha pra gente. Tá tudo bem? Você precisa de alguma coisa?

— Posso tomar um banho?

— É pra já! Vou pegar uma toalha.

Que toalha limpinha. Ele é tão cuidadoso com tudo.

Maurício coloca uma playlist de rock dos anos 80 para tocar, trabalha um pouco no computador e reencontra Érica na cozinha, sentada no banquinho. Ela está com o longo cabelo molhado penteado para trás, vestindo apenas uma camiseta soltinha que termina na altura do umbigo e calcinha de algodão cor-de-rosa. Nenhum sinal de maquiagem. Parece ter catorze, no máximo quinze anos.

— Meu! Como vou cozinhar com você desse jeito?

Érica ri e cruza as pernas. Pega uma uva da cesta de frutas à sua frente e a coloca na boca displicentemente. Olha nos olhos de Maurício enquanto mastiga.

— Puta que pariu, Érica. Se eu me cortar com a faca, a culpa vai ser toda sua.

— Hahaha, você quer ajuda?

— Não, *relax, baby*... Minha visão daqui tá maravilhosa, se eu me cortar foda-se, terá valido a pena. Gosta de molho pesto?

— Acho que nunca comi... Mas já sei que vou gostar.

Ele põe a água para ferver e começa a picar o manjericão. Ela o ouve falar sobre literatura e observa a cozinha. A plantinha ao lado do micro-ondas, junto das caixinhas de chá importado. As escumadeiras, colheres de pau e pegadores coloridos pendurados na barra de inox, ao lado de dezenas de vidrinhos com temperos, tudo bem organizado. O quadro de Marilyn Monroe colado no azulejo, um pôster de *O apanhador no campo de centeio*. Uma pilha de jornais, revistas e livros no cesto de vime ao lado da mesinha.

— Deixa eu te ajudar, vai.

— Não precisa, deixa que eu faço tudo. Meu apartamento não é luxuoso, mas quero que você se sinta num hotel cinco estrelas.

Comem rindo e conversando. Ele dá um abraço apertado nela antes de sair, aspirando o cheiro de sabonete do seu pescoço. Sugere que cochile à tarde, à noite farão algo divertido. Diz que ela não precisa se preocupar com emprego, um amigo é dono da livraria onde será a entrevista, vai conversar com ele, "se ele não te contratar, nunca mais piso lá".

— Vai ficar tudo bem, ouviu? Você não tá sozinha — ele diz, beijando o nariz dela.

— Nem tenho palavras pra te agradecer, Maurício, serião. Já tava me vendo morando na rua, porque pra casa da minha mãe eu não volto.

— Morar na rua, rá! Vai dormir numa cama bem limpa e cheirosa, como você merece.

— Já tô me sentindo bem melhor. — Ela lhe dá um rápido beijo na boca, depois uma piscadinha, vira-se de costas para ele, abaixa-se e começa a amassar o cabelo como se ele não estivesse ali.

— Você não é fácil, Érica. Você acaba com a vida do homem que você quiser, saiba disso. Se eu não me concentrar na entrevista, a culpa é toda sua.

Ela tira os pratos da mesa e lava toda a louça. Antes de ir para o quarto cochilar, passa algum tempo no sofá, olhando aqueles livros todos de autores de quem nunca ouviu falar. *Será que ele leu tudo isso? Meu Deus!* Lembra-se dos diários de quando era mais nova. Por que tinha parado de escrever, mesmo? Ah, e as poesias... Versos em folhas soltas, escritos durante a aula, guardados na mochila e depois enfiados no meio dos diários. Na mesma caixa, os livros. Dois eram assinados por Maurício, tinha ganhado de presente dele. Um, tinha pegado na biblioteca da escola e nunca devolvido. *O diário de Débora.* Quase todos os outros eram dos amigos que estavam com Maurício na noite do lançamento. O grupo de autores frequentava muito aquela livraria. Depois de conhecer Érica, todos passaram a cumprimentá-la quando iam lá, conversar com ela, "roubar Érica para um café", como costumavam dizer. Chamavam Érica para uma cerveja, quem sabe dar uma volta, mas ela estava sempre entre escola e livraria, e morava longe, não dava. Adorava ser paparicada por eles, ser tratada com intimidade e carinho por aquela turma de homens mais velhos, cultos e educados. Sentia-se parte do grupo. Cuidava bem dos livros que lhe davam. Leu todos. Na caixa, havia também três livros lidos para a aula de português. Era a única matéria de que gostava. Queria ter guardado suas redações. "Excelente!", a professora do sétimo ano tinha escrito numa delas, Érica se lembrava.

— • —

À noite, quando Maurício volta, o apartamento está ainda mais arrumado do que antes. Ele chega carregado de sacolas de supermercado e acompanhado: Leandro e Sérgio da turma de autores. Cumprimentos, sorrisos, abraços, brincadeiras com Érica, "Sai da casa desse manezão e vai pra minha, querida, te dou casa, comida e roupa lavada". *Eles são demais!* Uma garrafa de vinho, latinhas de cerveja, Leandro abre um pacote de batata chips, Sérgio liga o som. Érica morre de rir, bebe, bota os pés no colo de Sérgio para receber uma massagem, massageia os ombros de Leandro enquanto olha Maurício nos olhos, vai e volta da cozinha com taças e guardanapos, como se conhecesse aquele apartamento há anos. Pedem uma pizza e resolvem ver um filme, *A grande beleza*. Érica se aninha no peito de Maurício, que a abraça. Ela se distrai com os braços peludos e quentes, para de ler as legendas, se desinteressa pela história, cochila. Acorda nas cenas finais, os braços de Maurício ainda em volta dela, protegendo-a — de quê? Mas ela se sente amparada. O filme acaba, Leandro acende um baseado, começam a falar sobre os trabalhos anteriores do diretor. A conversa é animada e interessada, cheia de argumentos e observações, referências a outros filmes, detalhes, datas. Érica mais ouve do que fala, e acha tão interessante tudo que eles dizem, até quando não entende. *Eles são tão inteligentes. Tão profundos.* Quando ela fala, sente-se aceita por todos, ouvida e admirada em sua juventude, beleza e também em suas ideias. Ela é inteligente e engraçada, eles comentam. É cheia de vida. (Érica não sabe, mas, em vários momentos da noite, os olhos dela brilham.)

Leandro e Sérgio se despedem. Érica está meio deitada, meio sentada no sofá quando Maurício fecha a porta e caminha em sua direção, olhando-a sério. Ela sorri. Ele se agacha diante do sofá e acaricia as coxas dela. Então ele tira com movimentos lentos a saia de Érica, abre delicadamente as pernas dela e aproxima sua boca. Érica com os braços soltos pelo sofá, os gemidos baixos crescendo. Ele só interrompe os movimentos com a língua para falar:

— Você é muito gostosa, Érica.

— Toda depiladinha, que delícia...

— Você me deixa louco, menina.

— Sua tesuda.

Érica não saberia dizer onde a língua de Maurício lhe dá mais prazer, lambendo sua buceta ou falando aquelas coisas. *Ele é tão gentil. Fala tão macio.* Ela goza, ele deita a cabeça na barriga dela e enche seu umbigo de beijos e lambidas. Ele se levanta, dá a mão para ela e a conduz até o quarto, onde entram se beijando na boca.

— Agora meu pau quer sentir você.

Ele tira o resto da roupa dela, desce a calça e a cueca e posiciona Érica de costas, os dois de pé na entrada do quarto. Com mãos suaves, ele inclina a cabeça de Érica em direção à parede da frente, junta o cabelo dela num rabo de cavalo e enfia o pau por trás.

— Gostosa. Gostosa. Gostosa.

— Sua vadiazinha. Delícia. Tesudinha.

— Goza pra mim de novo? Goza?

Zonza de prazer, Érica pega na mão dele e o leva até a cama. Senta em cima dele, acaricia o próprio peito enquanto geme. Ela goza profundamente, ele abre um sorriso, ela afunda a cabeça no pescoço dele.

— Gozou de novo? Gozou de verdade?

— Nossa, se isso não foi de verdade...

— Que bom... Sei lá, né, essas coisas vocês podem fingir... — Ele faz cafuné nela.

Ele guia a cabeça de Érica até seu pau, ela desperta do transe do orgasmo e o chupa com vontade. Ele se senta na beira da cama, ela se ajoelha no chão, ele interrompe para ajeitar um travesseiro sob os joelhos dela. *Nossa, ele é tão carinhoso.*

— Agora vou gozar em você, tá, sua gostosa? Posso gozar no seu cuzinho?

Ela pergunta se ele tem uma camisinha com lubrificante, ele tira só o frasco de lubrificante da gaveta da mesinha de cabeceira. De quatro, ela não sente prazer nem dor enquanto Maurício vai e vem. Ele se contorce em um grito e cai sobre ela. Os dois adormecem quase instantaneamente.

— • —

Érica se espreguiça, levanta e vai caminhando nua até a sala. Maurício está de costas, numa cadeira, digitando uma mensagem no celular tão concentrado que não percebe a presença dela. Érica se aproxima e pretende tampar os olhos dele com as mãos, mas acaba vendo a mensagem na tela:

Comi a ninfeta!	Placar:
Maurício	1
Ricardo	0
Leandro	0
Sérgio	0
Tomás	0
Alexandre	0

A foto de Érica nua dormindo serviu como prova para os cem reais que ele vai levar de cada um, e a aposta continua correndo para os outros, mas essa parte ela não chegou a ler.

— Opa! Você acordou, baby, bom dia! Tava resolvendo umas coisas aqui.

— Você e seus amigos me chamam de ninfeta? — *Que esquisito.*

Ele joga o celular no sofá e a pega pela cintura.

— Ninfeta Gostosa do Caralho seria o mais apropriado, eles não fazem ideia da sorte que eu tenho de te ver sem roupa...

Eles se beijam e voltam para o quarto. Érica tem três orgasmos.

— • —

Um ano se passou desde que Érica encontrou Maurício no bar na avenida São João. Ela está trabalhando como vendedora na livraria do amigo dele, Rui. Érica fez sexo com Rui e também com os outros caras da turma de Maurício. A aposta já foi encerrada. Érica morou por quatro meses na casa de Maurício, até ele ficar intolerante a cada mínima contrariedade. Ela já estava se cansando do humor inconstante e das reações intempestivas dele, como naquela vez em que ele gritou e deu um murro na mesa porque ela continuou falando depois de ele pedir silêncio no café da manhã, e a gota d'água foi o bofetão de madrugada quando ela voltou tarde sem avisar. Depois, passou quase três meses na casa de Leandro, até sua ex-mulher voltar para lá. Até hoje Érica tem medo dessa mulher, que já a ameaçou de várias formas e ligou para Rui insistindo para que ele a demitisse. Após algumas semanas num hotel, Érica alugou um quarto no apartamento de duas escritoras conhecidas da turma, Janaína e Naiara, a três quadras da livraria.

Érica mal conversava com elas, saía cedo, voltava à noite; quando encontrava as duas na sala, cumprimentava-as e já ia para o quarto ficar lendo até dormir ou se arrumar para sair. Começou a montar uma pequena biblioteca. Passou a se interessar cada vez mais por literatura — descobrir novos autores, sentir um estremecimento a cada linha que a tocava, a cada pensamento que acendia centelhas dentro de si. Alternava noites de sexo e bebedeiras com noites embaixo das cobertas, vestida com sua camiseta do Mickey, tomando xícaras e xícaras de chá e lendo, como se seus prazeres mais intensos tivessem se bifurcado em dois rios distintos e igualmente caudalosos.

Numa noite, chegando do trabalho, Érica encontra Janaína e Naiara tomando café e comendo bolo e resolve aceitar o convite para se juntar a elas. As duas conversam mais um pouco sobre o assunto com que estavam envolvidas antes, a oficina literária que darão no apartamento nas noites de quarta a partir da semana seguinte, e então perguntam mais sobre a vida de Érica, não sabem quase nada sobre ela. Como conheceu aquele grupo de escritores? Onde morava antes? Ainda conversa com a mãe? Érica fica sem graça, não sabe o que falar de si para aquelas duas mulheres tão adultas, que se expressam com tanta desenvoltura. Conta que não visitou a mãe desde que saiu de casa, só se falaram pelo telefone. Comenta timidamente sobre os caras serem legais, conheceu todos na livraria onde trabalhava antes dessa onde está agora. Sim, gosta de livros, tem gostado cada vez mais. Ah, tem lido muita coisa, *O jogo da amarelinha, O velho e o mar*, esqueceu o nome do autor, mas adorou. *Como você esquece o nome, tonta? Ai, relaxa, elas são gente boa.* Não sabe o que dizer quando elas perguntam sobre estilo, gênero literário, nada disso; fala que é tudo muito novo e está gostando de conhecer as coisas. Janaína e Naiara ouvem com atenção, oferecem mais bolo, fazem observações sobre suas leituras, indicam livros, descem volumes das estantes, folheiam juntas. Naiara lê um trecho de Maura Lopes Cançado em voz alta. Érica está se sentindo tranquila e amparada quando o interfone toca.

Roberto entra trazendo queijo de Minas, voltou aquele dia da chácara dos sogros. Ao ser apresentada, Érica o olha de cima a baixo. Roberto é negro, estatura mediana, usa camisa azul e óculos de grau, parece não ter mais de quarenta anos. É um grande poeta, Naiara informa Érica. Naiara passa mais um café, Janaína sai para comprar pão. A inteligência, a cultura de Roberto. A profundidade e a sensibilidade ao falar de literatura. Lá pelas duas da manhã, quando se boceja aqui e ali, Érica torce por uma oportunidade para ficar a sós com Roberto, mas isso não acontece.

Ela adiciona Roberto nas redes sociais e puxa assunto com ele. Conversam longamente. Ela anota suas sugestões. "Assista a tudo da Agnès Varda", "Leia Clarice Lispector, comece agora mesmo". Ele fala sobre poesia, ela conta que escreveu algumas na época da escola, tinha esquecido. Conta que vai tentar escrever de novo, pergunta se ele vai querer ler, claro que sim, me manda. Marcam um café na quarta, perto da livraria onde ela trabalha.

Érica entra apressada no café. *Onde ele tá, onde ele tá?* Vê Roberto sentado ao fundo, uma calma alegre toma conta dela. Ele a recebe com um abraço demorado, pergunta como andam as leituras, quer saber se viu o filme e se escreveu. Fala rapidamente sobre o livro que está escrevendo, volta a perguntar sobre ela, fala sobre poesia, como encontrá-la dentro de si, em que prestar atenção fora de si. Quando ele se levanta para trazer a bandejinha anunciada pela senha no letreiro luminoso, Érica aproveita para abaixar um pouco mais o decote da blusa e conferir pela câmera do celular a maquiagem.

— Ei! Que bom que você conseguiu vir — Roberto diz voltando com a bandeja, cumprimentando a mulher que se aproximou dos dois. Érica como que a escaneia em segundos com um olhar satisfeito: deve ter quase cinquenta anos, um pouco acima do peso, se veste mal.

— Lisandra, Érica, Érica, Lisandra. Lisandra é minha companheira, Érica.

—Ah... Prazer!

— Prazer, querida! Roberto falou muito de você, contou sobre as conversas. Muito bacana te conhecer, ter você conosco. Nos vemos hoje na oficina, né?

— Que oficina?

—A oficina que a gente vai dar, ué, Naiara, Janaína e eu, na sua casa. Elas me falaram que você ia adorar fazer, não? Você não quer ser escritora?

— Nossa, eu... Acho que quero, sim. Quero!

Lisandra pede o cardápio ao garçom, Roberto toma seu café. Érica sorri, um pouco zonza.

5 Aquela é a viúva Camila

Meu maior receio era que ele morresse de repente e as pessoas não achassem que eu estava sofrendo, só porque não formávamos mais uma família. Amigos, colegas de trabalho, parentes, todos iriam enxergar nas minhas lágrimas a claridade de uma superfície rasa, a poça insípida e volátil de uma divorciada, não de uma viúva. Eu passava algum tempo imaginando seu velório e reivindicando mentalmente o reconhecimento público da minha dor, como se, com isso, eu obtivesse a prova do que tinha vivido.

Naquela época, eu estava certa de que minhas fantasias representavam vontades relacionadas ao mundo, desejos não realizados, e não as saídas tortas que meu interior encontrava para se organizar entre meus fracassos e feridas abertas. Para mim, imaginar o velório dele e ver meu pranto pairando perdido sobre seu caixão era isto: sofrer com a possibilidade de sua morte e antecipar meu pranto pairando perdido sobre seu caixão. Repetindo a encenação da minha dor, ratificava para mim mesma que sim, eu estava sofrendo, sim, eu o tinha amado, não éramos mais um casal, mas eu o tinha amado — eu o tinha amado, não tinha?

Era inverno e eu estava sempre segurando uma bebida quente. Depois de deixar os meninos na creche, eu abria os armários da cozinha me guiando pelo olfato. Coava café enquanto fervia leite de coco. Salpicava o chá com cravo e anis. Desligava o fogo e deixava as ervas descansando com cascas de laranja e gengibre ralado. Despedaçava lascas de chocolate sobre as borbulhas do leite de amêndoas. Derretia açúcar até caramelizar, a xícara esperando com seu fundo de cacau em pó. Misturava o café forte com uma canela em pau. Nunca me esqueço do que os aromas fizeram por mim naquela época.

Às vezes, diante daquelas luzes perfumadas, eu suspeitava que nunca o tivesse amado, como alguém que desconfia vagamente da febre por trás de uma testa morna, quase fria. Então me consolava dizendo a mim mesma que talvez eu não o tivesse amado como deveria, ou como ele merecia, mas sim como eu podia, como era capaz de amar alguém. Cada um ama e é amado não como deve, mas como consegue.

Era tudo tão movediço. De longe, eu observava seu novo casamento e não me permitia sentir nenhuma espécie de ressentimento ou desdém. Eu já tinha rompido com aquele homem, e o certo seria torcer por sua felicidade, sorrir com a alegria superficial dos meus olhos de divorciada. Se todo término conjugal constitui uma espécie de assassinato, eu, na condição de ré, não podia me lamentar. A mim, restava me conformar à vida pequena que me cabia depois de assinar a papelada, felicitá-lo pela nova vida que ele, atendendo à urgência de sua dor, correra para providenciar e me resignar a uma posição coadjuvante quando ele morresse. Viúva seria ela, embora tivéssemos passado quase cinco anos juntos, embora, no fundo, uma parte minha soubesse, essa parte que sempre sabe, embora, no fundo, uma parte minha soubesse que eu nunca havia sido capaz de rasgar a couraça dentro de mim para sentir por ele algo que ultrapassasse os limites da conveniência.

Quando eu estava dando jantar para os meninos, conversando com minha mãe pelo telefone ou fazendo supermercado, eu conseguia relaxar. De repente, enquanto saía do banho, ou dirigia rumo à creche, ou varria a cozinha, a imagem do velório me preenchia, repentina como uma crise alérgica. Algumas vezes, eu interrompia meus soluços para assistir ao pranto interminável da esposa dele. Meus sogros atentos abraçando-a, abraçando com força, abraçando Camila: a mulher que o acolheu, Camila, a mulher que se importava com ele, Camila, a mulher que não lhe faria mal: vejam, aquela é a viúva Camila. Eu saía trêmula do boxe, limpava a coriza na manga da blusa, parada diante do farol, ou repousando a vassoura atrás da lixeira; meu interior a um só tempo transbordante e impenetrável pelo piso molhado, pelo trânsito, pelo barulho da TV. Aquele velório não parecia ter fim. Enterrados, o corpo dele e o meu, dois ocos no cemitério.

Às vezes, bem em meio a esses meus acessos de choro, ele tocava a campainha para pegar algo que havia deixado para trás, trazer um documento que eu precisava assinar, o recibo dos últimos depósitos. Tudo, claro, para ver os meninos. Lembro como ele parava diante da porta e os tocava com as mãos trêmulas quando eles vinham engatinhando em sua direção. Aquela ternura tensa, o peso de estar de saída, a hesitação de olhar para dentro e flagrar os brinquedos pelo chão, o lustre acima da mesa, o corredor para os quartos.

Os meninos eram pequenos demais para estranhar qualquer coisa ou para demonstrar o quão bem percebiam tudo. "Levo os dois para você no final da semana que vem", eu dizia, abaixando a cabeça. Às vezes, eu o abraçava, molhava sua camisa e pedia desculpas. Ele ficava imóvel. Eu olhava para ele, a camisa bem passada, o cabelo bem cortado, a vida tão manifesta no cheiro de amaciante do tecido e também nos seus primeiros fios brancos. Então, pouco depois de ele sair, a imagem do velório me invadia, arrastando com ela o rastro do meu receio. Meu receio de que ele morresse de repente e as pessoas não achassem que eu estava sofrendo, só porque não formávamos mais uma família.

Eu te Pergunto, José 6

O que me mata no meu primo Vítor, eu digo, me deitando no divã para tentar, mais uma vez, acordar dos meus pesadelos, o que me mata no meu primo Vítor é que ele adora falar que ama as mulheres, que é louco por mulher, ele sempre foi de comentar nas festinhas e almoços de família que ficou com a fulana, que ficou com a sicrana, ele às vezes pega as fotos das mulheres e mostra pra gente, e também tem isso de ele ficar me enchendo o saco falando que eu sou carente, falando que eu fico botando foto na internet para os outros verem que eu sou bonita e todas essas coisas. Vamos lá, José, você é homem, até hoje não sei por que fui escolher um analista homem, mas vamos lá: em primeiro lugar, os homens que falam que são loucos por mulher geralmente são os homens que adoram enlouquecer uma mulher. E esses homens não percebem isso. Eles falam da gente de um jeito que parece que a gente é irresistível e tudo mais, é como naquela música, sabe, "Garotos não resistem aos seus mistérios/Garotos nunca dizem não/ Garotos como eu sempre tão espertos/Perto de uma mulher/São só garotos", essa música é velha, você deve conhecer, essa música é velha e *não* é romântica, ou melhor, pode até ser romântica, mas no sentido romântico de ferrar uma mulher. Pois então. Os caras falam essas coisas e as mulheres parecem que gostam de ouvir essas coisas, não todos os caras, não todas as mulheres, e também não "a maioria dos caras", "a maioria das mulheres", foda-se a maioria, eu não estou falando de números, eu estou falando daquilo que fica nos comendo por baixo da terra não depois que morremos, mas enquanto tentamos ficar vivos. Pois então, o meu primo Vítor é esse tipo de homem que fala que é louco mas que enlouquece, que também é o mesmo tipo de homem que acha que desejar sexualmente uma mulher é a mesma coisa que gostar de mulher; é muito engraçado tratar essas coisas como sinônimas, fico pensando até se seria precisamente o contrário, quanto mais um homem deseja sexualmente as mulheres, mais as odeia, mas nem vou continuar indo para esse lado porque você é homem, né, não sei por que fui escolher um analista homem, se bem que, quando me deito aqui, não é bem pra falar pra você, mas pra falar pra mim, é bizarro esse negócio de fazer análise, mas vamos lá: sábado, eu estava no almoço da minha família, eu estava tranquila, repetindo o estrogonofe, minha tia faz um estrogonofe ótimo, quando minha irmã falou pra eu falar pro pessoal que eu era bígama, porque estou saindo com dois caras, você sabe, semana passada fiquei aqui falando do Caio e do Bruno, né, que eu gosto dos dois e vou continuar saindo com os dois e que isso talvez não seja um problema se eu não pensar nisso como um problema, mas eu penso, mas voltando: minha irmã comentou isso brincando, imagina, "bígama", ninguém usa essa palavra, ela comentou brincando e porque tava no assunto, e todo mundo riu, minha outra tia disse, inclusive, "aproveita a juventude", mas aí veio o Vítor, que pertence a essa espécie de homem que eu falei, essa espécie que não é só a maioria, mas que fica soltando essa coisa que fica nos comendo embaixo da terra, então, aí veio o Vítor e falou que eu era carente, que eu fico saindo com dois homens pra me sentir desejada, e aquilo me revoltou de um jeito, aquilo me revoltou num grau, porque o Vítor, quando sai com as mulheres, é ele que deseja as mulheres, mas eu, quando saio com os homens, eu sou isso, desejada, como se eu sempre fosse o espelho que reflete a coisa, nunca a coisa refletida no espelho. Eu sempre me senti atraída pelos homens, eu me lembro até hoje do gosto do primeiro pinto que eu chupei nesta vida, eu me lembro do prazer esquisito de sentir o primeiro pinto dentro de mim, eu sempre gostei do corpo de vocês, eu me diverti e me machuquei muito com vocês, mas pra vocês é como se fosse isso, como se eu fosse as sombras da caverna do Platão e como se os caras fossem as pessoas que estão fazendo as coisas lá fora da caverna, você entende como isso é grave? Você entende que o Freud, esse cara aí que você venera, quer dizer, você é lacaniano, né, mas, enfim, você entende que o Freud morreu dizendo que não entendia as mulheres, sem parar pra pensar que se nem a gente entende a gente é porque desde pequena a gente é criada para se enxergar pelos olhos do Freud e de todos vocês e que isso fode o autoentendimento de uma pessoa? Não é que a gente tem inveja do pinto, é que a gente já saca desde que a gente é pequena que a gente vai se ferrar por não ter pinto, a gente já entende que o lugar ocupado por quem tem pinto é melhor do que o lugar ocupado por quem não tem pinto, não é uma inveja do pinto literal, pelo amor de Deus, tanto faz fazer xixi em pé ou sentada, a gente só não quer que quem faça xixi sentado seja fodido, é só isso que a gente quer, e a gente só quer isso porque isso não faz e nunca fez o menor sentido, como pode Freud ter feito isso com a gente, ter nos chamado de invejosas do pinto em vez de marcadas pela opressão do pinto? Como pode Freud ter arranjado mais um jeito de a gente ser culpada? Não é só aquela velha questão de que homem pode gostar muito de mulher e será considerado um rei, gostar muito entre aspas, né, mas, enfim, não é só aquela questão de que homem pode sair com muitas mulheres enquanto a mulher que fica com muitos homens é uma coitada, isso todo mundo sabe, a questão é que toda vez que eu abro as pernas parece que o meu prazer está em receber o prazer dos outros, quando é claro que eu recebo o prazer dos outros, mas eu também tenho alguma coisa aqui dentro de mim geradora de prazer por si própria, quer dizer, não por si própria, mas é assim pra todo mundo, nem sempre é simples ver o que aqui de dentro vem aqui de dentro e o que aqui de dentro vem de fora, eu não acho que tudo venha de fora, eu não acho que a gente nasce como uma folha de papel em branco, a gente tem um dentro, eu tenho um dentro, mas o que eu quero dizer é: quem foi que teve a ideia de entender que a mulher é passiva só porque abre as pernas, você já viu no mundo homossexual masculino como é? O cara que mete é o cara de verdade, e o que recebe, eles chamam de passivo não só no sexo como pra além do sexo, pra muito além do sexo, como se ele fosse mais gay do que o que mete, na cadeia o cara que mete nem é considerado gay, você já leu esses livros sobre esses códigos na cadeia, você já leu *Carandiru*, esses livros aí? Nos presídios femininos também é assim, tem a mulher que come e a mulher que é comida, e a mulher que é comida é também sustentada financeiramente e também tem que falar mais baixo e obedecer e tem que aceitar um monte de coisa, no presídio feminino é assim, pesquise. Minha pergunta é simples, por que o que a gente faz com as bucetas e os pintos contamina todo o resto, por que quem tem pinto tem pinto não só na hora de fazer xixi e de trepar, mas o dia inteiro, por que quem recebe o pinto ou a cintaralho, que seja, por que quem é fodido precisa se foder além da cama? É isso que não entendo, nesse ponto acho que Freud estava certo, é tudo sobre sexo, que inferno isso, veja o caso da minha amiga Alessandra, a Alessandra namorava um cara que era assim, ele levava o vinho, ela fazia a macarronada, e vamos supor que ela deixasse o macarrão cozido demais ou errasse no sal, nesse caso ele falava todo gentil que não tinha problema, mas então, dois ou no máximo três dias depois, ele dava um jeito de comentar que fulana de tal fazia a melhor macarronada da cidade, que ele nunca tinha comido nada igual, que a fulana era foda. A Alessandra comentava que gostaria de saber falar bem em público e ele falava ah, com o tempo você vai melhorando, e no outro dia ele enfiava no meio de uma conversa que uma ex dele era mestre na arte de falar em público, e, quando a Alessandra falava com ele que estava chateada, ele falava que era coisa da cabeça dela, ou que ela via problema em tudo. Ele até deu um apelido pra ela, "Tretita", porque, segundo ele, ela sempre arrumava treta. Bom, um dia, a Alessandra, quando saiu da casa dele, em vez de voltar pra casa dela saiu andando, andando, e andou até parar na rodoviária, e aí lá ela comprou passagem para a primeira cidade que ela viu, nem lembro o nome da cidade, e chegando lá na cidade ela também ficou andando andando, até que foi a uma feira livre, sabe essas feiras cheias de coisas, e aí ela ficou batendo papo com um cara que desenhava as pessoas que passavam, e aí os dois ficaram conversando por um tempo e acabaram se beijando, e ela foi pra casa dele, ele morava no segundo andar de um brechó onde moravam mais sete pessoas, tinha umas dez camas lá, e aí ela passou três dias lá com ele, até que, numa manhã, ele estava no banho, ela acordou e, sem saber por quê, pegou a bolsa dela e saiu andando andando, e quando percebeu estava fazendo o caminho da rodoviária, e da rodoviária ela voltou, e aí ela não atendeu mais os telefonemas do namorado dela, e você acredita que ele nunca foi procurar por ela? Ele só telefonou duas vezes, ela não atendeu e ele não telefonou mais. Ele dizia que amava ela, mas nunca apareceu lá pra perguntar o que tinha acontecido, pra ver se ela tava bem, nada, esse namorado dela era mais um desses homens que falam que amam as mulheres, eu te pergunto, José, antes que você se levante, abra a porta e me avise que a sessão acabou, eu te pergunto: você chama isso de amar?

7 É muito difícil as Relações vingarem hoje em dia

Bianca passa pela catraca do edifício na Marginal Pinheiros tentando se convencer de que a vida é assim mesmo. Aperta o botão do elevador, passa a mão no cabelo curtinho, olha para baixo enquanto espera, seu All Star colorido sobre o piso bege. Som de sapatos elegantes. *Plim plim* dos elevadores. A semana não está sendo fácil no trabalho, com a nova chefia. A semana anterior também não foi fácil. A anterior à anterior, menos ainda. Deve ser demitida em breve, pode pressentir. Parece que há um padrão: de dois em dois meses, três funcionários estão indo para a rua. Um lado seu torce para ser demitida logo, outro sente que precisa ficar no emprego para sempre. Melhor não pensar nisso, melhor fazer três respirações profundas e prestar atenção no momento presente, como Matias costuma lhe sugerir quando está aflita. Matias é uma mistura de amigo, mentor intelectual e guru espiritual que mora a dois mil quilômetros de distância. No último ano, trocaram muitas mensagens. Conversar pessoalmente, mesmo, só naqueles dias em Salvador. Bianca estava sozinha em uma exposição. Entre uma tentativa de contemplação e outra, chorava — havia ido à Bahia para fugir um pouco da preocupação com a mãe, do medo que a mãe nunca mais se recuperasse totalmente, do medo da própria morte, dessas coisas todas, e, de vez em quando, o mal-estar vindo do Sudeste a alcançava. Beth ainda estava afastada do trabalho, mas a medicação e a terapia estavam fazendo efeito. Tinha voltado a dormir a noite toda, parado com as crises de choro e até começado a recuperar o peso. Nada garantia que conseguiria voltar a trabalhar, mas parecia que o pior já tinha passado, e talvez fosse por isso que ali, na exposição, e também mais cedo, almoçando à beira-mar, e também na noite anterior, antes de se deitar, Bianca chorava. Do diagnóstico — "Burnout", o psiquiatra explicou — à primeira sessão de terapia, passando pela adaptação aos remédios, a papelada do afastamento, os telefonemas para os parentes, o pedido de ajuda aos amigos mais próximos na fase em que Beth não queria ficar sozinha, Bianca aguentou firme. Agora que a mãe estava, aos poucos, voltando a se interessar por coisas simples, como cozinhar e conversar, agora, sim, as lágrimas de Bianca apareciam a todo momento, como se estivessem agarrando-a por trás. Pelo menos, andava conseguindo se alimentar direito. Matias e ela conversaram por quase seis horas, primeiro no museu, depois num bar perto do hotel. Era como se tivessem nascido para ser amigos, e como se soubessem disso. Bianca entra no elevador no fim da terceira respiração profunda. Assim que desce no oitavo andar, o celular apita. Mensagem de Fred. Haja respiração.

Ela chega à sua mesa sem saber o que responder a esse sujeito que conheceu pelo aplicativo de encontros, com quem marcou um jantar e não foi porque ele desmarcou de última hora. Depois, não foram almoçar porque ele também desmarcou de última hora. Quando ela já tinha desistido, Fred mandou uma mensagem pedindo desculpas. Explicou que estava se envolvendo com uma mulher que havia conhecido pelo aplicativo e que, apesar de Bianca parecer "muito legal", ele achava melhor se focar naquela história. Voltaram a se falar como amigos. Na mensagem de hoje, três semanas após a explicação,

Fred sugere um almoço sem segundas intenções ali na rua Vupabussu, pertinho do trabalho dela e da casa dele. Bianca não sabe o que responder. Não quer se aconselhar com Matias. "Faça três respirações profundas" é o que já sabe que vai ouvir. Também não pretende pedir nenhuma sugestão a Isabele, amiga que lhe deu todo o suporte emocional durante o esgotamento da mãe, mas que anda sem paciência com problemas que classifica como "pseudoamorosos" — "Depois que desisti do amor e do sexo, minha vida melhorou. Desista você também" foi o último conselho de Isabele. Talvez pudesse procurar outra amiga, ou talvez ninguém. Às vezes, se esforça para ser uma dessas pessoas discretas, que não fazem enquetes sobre seus problemas. Uma dessas pessoas que primeiro resolvem as coisas e depois comentam casualmente o resultado no bar e já engatam outro assunto. Está cansada de tantas opiniões, sobretudo sobre sua vida amorosa, sendo que ela mesma é quem pede essas opiniões.

Levanta-se para pegar um café na máquina. Não pode negar que ainda está machucada com o término recente do conturbado relacionamento com Mário. Ele fazia o tipo canalha, ela sabia disso, mas e daí, ela nem sabia se queria uma relação monogâmica, talvez quisesse só se divertir... "O problema é que ele não é um canalha do tipo Bukowski, que era um idiota, mas um idiota raiz, sabe", tinha dito a Isabele por mensagem antes de terminar com Mário. "Bukowski ficava com todo mundo e não tava nem aí, mas não era um narcisista perverso, era só um bebum tarado. Não manipulava as mulheres, não distorcia a realidade, não praticava *gaslighting*... Pelo menos nos romances que eu li. Mano do céu, pensando agora, os homens que imitam o Bukowski são bem mais cretinos que o Bukowski, que, além de ser de raiz, amava gatos, você percebe a diferença?" (Isabele visualizou a mensagem e não respondeu.) Bianca lembra que, após o rompimento, decidiu ficar sozinha por um tempo. Não resistiu a bater papo com alguns caras e algumas minas pelo aplicativo de encontros, é verdade, mas, até agora, tem cumprido o plano. Pretende, de uma vez por todas, encarar os seguintes fatos: passa o dia dos namorados acompanhada desde os catorze anos, tem medo de ficar sozinha, seus últimos relacionamentos foram um fracasso traumático após o outro, e um período sabático lhe fará bem. Porém, o convite é apenas para um almoço sem segundas intenções, não é mesmo? Qual é o problema? Mas até que ponto é "sem segundas intenções"? Mas e se Fred for a pessoa certa? Mas que bobagem é essa de "pessoa certa"? Ela suspira, volta para sua mesa, dá uma rápida olhada nos papéis que precisa revisar até o dia seguinte, decide que não responderá a mensagem e então pega o celular e responde: "Meio-dia e meia no Pecorino?". Alguns segundos depois: "Fechou! Até já".

Meio-dia e vinte, Bianca caminha sem ansiedade até a cantina italiana. Já se foi o tempo em que ficava tímida nesses primeiros encontros. E, no caso de Fred, não é nem um primeiro encontro: só uma refeição inofensiva com alguém comprometido, precisa colocar isso na cabeça. Está indo conhecê-lo por curiosidade, por ser uma dessas pessoas que gostam de seguir o fio das novidades, como se a vida fosse um filme e sempre houvesse à sua espera a possibilidade de um evento maravilhoso que mudará tudo.

Reconhece Fred numa mesinha ao fundo, ali de camiseta listrada, mexendo no celular. Seu antebraço direito é coberto por uma tatuagem preta estilo *blackout*. O cabelo está mais comprido do que nas fotos, a barba também está maior, tem uns quilinhos a mais do que aparentava pelas imagens. Parece mesmo sete anos mais novo do que ela, e dá para notar que está ansioso: um pé balança rápido embaixo da mesa, os dedos passam rápido pela tela. Ela se aproxima.

— Oi!

— Oi!

O almoço transcorre bem. Fred não está tão espirituoso como nas mensagens, mas é simpático como o restaurante. A lasanha está ótima. Na sobremesa, Bianca fala sobre sua rotina de revisora em uma agência de publicidade, Fred conta sobre seu emprego como montador em uma produtora na Vila Madalena. Ela desabafa a respeito da nova chefia, mas superficialmente. Ele sabe sobre o problema da mãe dela, mas não tocam no assunto. "Voltei a andar de skate", ele comenta, e passam algum tempo falando sobre a tentativa de praticar mais exercícios físicos, mudar hábitos alimentares, passar mais tempo ao ar livre. "Nem MD tô tomando mais", conta Fred. Ele fala que viajou recentemente para Salvador, conversam um pouco sobre a cidade, ele quer saber se ela já foi a Recife, ela diz que não, ele pergunta que lugares ela quer conhecer. Quando pedem a conta, ele comenta casualmente que terminou o quase namoro.

— Mas não estou dando em cima de você, tá? Decidi entrar num período sabático.

— Que coincidência, eu também.

— A gente bota energia demais no amor, espera demais das pessoas.

— Exato. Ando cansada de ter tantas expectativas e de me frustrar tanto.

O clima fica estranho. O garçom chega com a maquininha.

— Se a vida fosse uma comédia romântica, a gente acabaria junto — ele diz, digitando a senha.

— Ainda não deixei pra trás a fase do drama. — Ela sorri, esticando para o garçom seu cartão. — E comédia é drama mais tempo.

— Boa. Aristóteles, né?

Resolvem tomar um café ali perto. Ao atravessar a rua, ouvem um trovão e Fred para de repente.

— Aff, deixei a roupa no varal! O que você acha de a gente tomar esse café lá em casa?

Quando Bianca se dá conta, está num quintal desconhecido ajudando aquele semiconhecido. Apressam a tarefa ao sentirem os primeiros pingos de chuva.

Ela entra na sala pensando que talvez precise ficar até mais tarde na agência ou chegar mais cedo no dia seguinte. Ele deixa o cesto de roupas em cima do sofá, ela esfrega os pés no capacho. Sente-se bem naquela casa e na presença de Fred. Ele está botando a água para ferver e contando que mora com dois amigos, ela está sentada em uma poltrona de couro descascada nas laterais. Um paninho de crochê cobre o filtro de barro ao lado da geladeira de inox, um sofá com cara de loja popular fica ao lado de uma alegre samambaia. Pôsteres de filmes estão pendurados na parede da TV, e um pesado vaso sem flor nenhuma parece ter sido presente de alguma tia distante ou, quem sabe, encontrado em alguma caçamba. Ao lado da TV, dois videogames. Assim que a chuva engrossa, Bianca se levanta e fecha a porta de vidro que dá para uma pequena varanda. Fred passa o café em um coador de pano.

— Vamos tomar lá no meu quarto? Não sei se o Anderson vai almoçar em casa, com ele aqui a gente não consegue conversar. E a gente não tá muito bem um com o outro, essa que é a verdade, cara, essa que é a verdade.

— Bora. Isso de *roommate* é complicado, né...

Os dois se sentam na cama com suas xícaras. É uma cama dessas de viúva — "De casal ficaria apertado", ele explica. Está desarrumada, mas o edredom e os lençóis amarrotados estão cheirosos. Há um violão apoiado no guarda-roupa e um pandeiro entre os livros da estante de alumínio, dessas de bibliotecas escolares. A perna de Fred está levemente encostada à de Bianca, e ela se pergunta se está havendo alguma tensão sexual. Isso não a excita nem a incomoda, mas ela se lembra de Mário, e parece que terminaram há tanto tempo. Lá fora, a chuva cai com mais força do que nunca.

— Tô pensando aqui, sei lá se esse período sabático vai incluir tudo na minha vida — Fred diz, deixando a xícara na mesinha de cabeceira. — Já comentei com você que tenho um vício, né?

E então Bianca se lembra de algo. Em uma das primeiras conversas, haviam comentado sobre os pontos fracos de cada um. "A gente só fala bem de si mesmo nesses aplicativos", ele disse em certo momento. "É muito cansativo ficar se vendendo e ver o outro se vender." Ela o lembrou que trabalhava em uma agência de publicidade, mas concordou. "Não vale dizer coisas como 'Sou perfeccionista', pelo amor de Deus", ele pediu. "Quero saber do que você tem vergonha. Onde você erra." Talvez fosse por causa desse tipo de coisa que se sentia tão bem com Fred. "Já tive compulsão alimentar e bulimia", ela disse. "Foi dos dezesseis aos dezoito anos, com episódios mais ou menos regulares, dependendo da fase. Ainda hoje, o que eu como ou deixo de comer vira uma questão para mim. Mas não sempre, só quando estou estressada." Ele pareceu bem compreensivo. Quando ela lhe pediu para admitir uma fraqueza, ele respondeu: "Eu tenho um vício. Não é nada de outro mundo, mas me atrapalha um pouco, principalmente quando tento começar um relacionamento. Mas vou falar só isso, tá? Quando a gente se conhecer melhor, dou mais detalhes".

— Agora você vai me contar qual é o seu vício? — ela pergunta, botando a xícara ao lado da dele e se deitando. Ele se deita ao lado dela.

— Cara, não saio por aí falando isso pras pessoas, *juro*. — Ele olha para o teto e coça a barba. — Mas me sinto confortável com você.

— Eu também me sinto confortável com você. E isso de saber que estamos os dois em um período sabático, isso criou uma espécie de... conexão entre nós, né? Uma conexão bem particular.

— A gente se conectou desde a primeira conversa, você sabe. — Ele ri. — Só fugi porque as coisas com aquela menina estavam andando, e eu queria fazer as coisas direito, estava de saco cheio desse negócio de vários encontros com pessoas diferentes... Eu queria que desse certo, mas deixa isso pra lá. Pensei que a relação fosse vingar, não vingou, beleza. É muito difícil as relações vingarem hoje em dia.

— Nem me fale.

Um breve silêncio. A chuva diminuiu e está constante. Bianca calcula que horas são, mas, no fundo, não se importa. Por um momento, a estranheza da situação cruza a cabeça dela, como um vento rápido lá de fora. E se aquele vício for perigoso? E se houver um cadáver no guarda-roupa? Ela não leva a ideia a sério, mas se sente mais tensa do que antes. O som da chuva a acalma. O cheiro da fronha limpa também.

— É o seguinte. Sou viciado em chupar mulheres.

— Fred! Isso não é um vício. — Ela ri, quase desapontada. — Eu também gosto de chupar uma pessoa quando tô com tesão. Só gente chata não gosta de chupar o outro.

— Você não entende. — Ele se senta no colchão. — Eu não preciso conhecer a mulher, sacou. E não preciso ficar com ela. Na verdade, não preciso nem estar a fim dela, achá-la atraente nem nada. Posso falar bem claramente? Sou viciado em chupar bucetas diferentes, é isso. Já chupei todas as mulheres da produtora, inclusive a minha chefe, inclusive a diarista. Uma ex sempre vem aqui também. O Anderson tá puto porque me pegou chupando a mina dele, mas eu errei, sei que não foi legal da minha parte. Ela veio no meu quarto ver meu violão, estava de saia, não resisti... Bom, ela também não resistiu quando eu me agachei e levantei a saia dela.

Bianca pensa um pouco, não sabe se ri ou se faz mais algumas perguntas. Por fim, fala:

— Você me chuparia agora? Se eu quisesse?

— Claro. Eu adoraria, na verdade.

Ela acha a situação intrigante e, de repente, se vê desabotoando a calça. Talvez a ideia do ano sabático tenha lhe deixado tensa e queira relaxar, qual é o problema? Ou talvez esteja movida por uma espécie de... Ela gostaria de pensar em curiosidade científica, mas estava mais para uma curiosidade cinematográfica. Dali a alguns anos, vai entender que a vida não é um filme, mas, neste momento, é essa curiosidade que a move, essa curiosidade e também o início de um cansaço. Ela levanta os quadris e tira a calça. Ele dobra sem pressa a calça dela e a coloca na mesinha.

— Posso? — ele pergunta, abaixando um pedaço quase imperceptível da calcinha.

— Pode.

Ele tira a calcinha bem devagar. E então puxa Bianca delicadamente pela parte de trás dos joelhos para o fim da cama, agacha-se no chão e vai roçando a barba na virilha dela, até chegar ao clitóris. Ela começa a se preocupar: está mais intrigada do que excitada, e, ao mesmo tempo, sente seu coração acelerar. Pensa em Mário, nas primeiras conversas com Fred, na decisão de tirar o período sabático, na pressão do trabalho e em todo tipo de pressão dos últimos meses, tudo em um espaço de segundos. E então começa a sentir as lambidas suaves de Fred, como se ele estivesse reconhecendo o território não a ser explorado, mas desfrutado em toda a sua complexidade. Fred afasta gentilmente seus pelos abundantes e explora sua vulva como se estivesse fascinado por ela, mas de modo algum afobado (aquele que se deixa fascinar não está afobado, ela concluirá mais tarde, lembrando-se desse dia. Aquele que se deixa fascinar está aberto ao mistério — no caso de Fred, tragado pelo mistério de maneira irremediável). Ele vai aumentando a intensidade das lambidas à medida, talvez, que se sente pronto. Quando Bianca começa a ficar úmida, ele passa a fazer movimentos suaves de sucção, alternados com lambidas de diferentes intensidades e chupões gentis. Bianca agora levanta e balança levemente os quadris, sem se dar conta de que está fazendo isso, e não ouve a chuva lá fora. Já não está pensando em nada. As mãos de Fred, até então sobre a cama, agora estão apoiadas nas coxas dela enquanto ele começa a intensificar o movimento de sucção, causando em Bianca uma sensação que ela nunca havia experimentado antes. É uma sucção que começou suave e que agora vai subindo em um crescente, como se Fred tivesse formado um vácuo entre sua boca e o clitóris. Bianca se esforça para não gritar quando goza e acaba soltando um gemido mais alto que a chuva.

— Eu... Eu faço o que agora? — ela pergunta, ao recobrar a consciência. Fred está de pé à sua frente.

— Como assim?

— Foi tão, mas tão gostoso... Mas tô achando esquisito não retribuir, você quer... Sei lá... Que eu bata uma punheta pra você?

— Você não precisa fazer nada, cara, eu é que tenho que te agradecer, ganhei meu dia com essa buceta deliciosa.

— Tá bom, eu... Mano do céu, preciso ir. — Ela olha as horas no celular.

Fred dá um beijo na testa dela e sai do quarto. Ela ainda passa alguns instantes deitada antes de se vestir. Na sala, ela o vê pegando água no filtro. Ele lhe estende o copo.

— Obrigada.

— Te dou uma carona de guarda-chuva, vamos.

Os dois caminham em silêncio, um silêncio alegre como a samambaia. Bianca o abraça quando param diante da entrada lateral do prédio, em uma ruazinha. Pensa em dizer algo como "Você é uma pessoa muito generosa", mas acaba não dizendo nada. Quando aperta o botão do elevador, olha para trás e o vê atravessando a rua devagar com o guarda-chuva.

"Volta sempre que quiser", ela lê na tela do celular assim que se senta.

À sua frente, os papéis que precisa revisar. A chefia não está na mesa, ufa. São quatro da tarde.

"Lembra de respirar", lê em seguida. Matias.

"Obrigada. Estou lembrando."

TAPETE ROSA DE PÉTALAS 8

"Tentar reclamar menos é bom. Não sentir vontade de reclamar, isso sim deve ser o paraíso." A frase estava colada com fita-crepe em frente à mesa onde Edna passava a maior parte do dia, ao lado da caixinha de pendências. Ela olhava aquele cartaz, acendia um cigarro, tragava, voltava a olhar. Sempre havia feito o tipo que reclamava de tudo: do ponteiro da balança que subia a cada ano, da fome que sentia e do que comia, está frio, está quente, está sem sal, está salgado demais. Reclamava dos políticos de direita, dos políticos de esquerda, dos militantes, dos alienados, dos milionários, dos pobres, da classe média. Reclamava dos boletos atrasados, dos boletos que estavam para chegar e dos boletos que tinha acabado de pagar. Reclamava que estava ficando velha, mas não se esquecia de reclamar de quando era jovem, e gostava de reclamar de temas como o aquecimento global, mas também de temas como: por que a marca Lindamar havia parado de fabricar chicletes de framboesa? ("Não é apenas uma questão de dar lucro ou não para vocês", havia escrito no e-mail para o atendimento ao consumidor, "é uma questão de princípios, de consideração com clientes antigos, e também é sobre fidelização e confiança. Vamos supor que vocês passem a fabricar chicletes de menta com canela e que eu goste deles. Como terei a segurança de que não sairão de linha?".) Tinha seus palavrões preferidos e também seus gestos. Uma reclamação padrão vinha acompanhada de uma virada de olhos e um "Puta que pariu" ou um "Vai se ferrar" murmurados, ou apenas um "Ah, vá!". Quando estava muito irritada, costumava tampar os olhos com as duas mãos e falar bem devagar: "A. Humanidade. Não. Vale. A. Pena".

Edna vinha usando bastante essa última modalidade gestual nos últimos tempos, pouco depois de Rubens Ferreira, o agente literário, alugar a casa da frente. Foi por isso que ela pregou o papel na parede. Se bem que olhar a frase não estava adiantando muito. Sentia uma raiva cada vez maior de Rubens.

Ele tinha os mesmos cinquenta e poucos anos dela e também era agente literário. Já se conheciam de eventos do meio editorial. Seus escritórios eram bem parecidos, já que os sobrados daquela vila na rua João Moura, em Pinheiros, tinham a mesma planta. Da porta branca, rosa, verde — cada casinha tinha a porta de uma cor —, viam-se os cômodos do térreo: banheiro à direita, dois quartos à esquerda, uma varanda ao fundo da sala; atrás da escada em espiral, a cozinha e a área de serviço. No andar de cima, um só cômodo espaçoso, além de mais um banheiro. Edna ocupava esse andar com estantes e mais estantes de livros e as mesas dos dois estagiários. A rede da varanda de Rubens era vermelha como a dela, tinha reparado quando foi até lá lhe dar as boas-vindas. Ele também tinha colocado na sala dois sofás e uma poltrona. Mas não eram essas coincidências que enchiam Edna de uma vontade crescente de reclamar do modo como Rubens falava, do modo como Rubens andava, ou simplesmente do modo como Rubens existia, como ele ocupava seu espaço na Terra. Também não era o fato de terem a mesma profissão. Ele não era seu concorrente: só agenciava autores de não ficção, enquanto ela trabalhava apenas com ficção. Sua ânsia cada vez maior de reclamar de Rubens, assim como sua necessidade de reclamar de tudo mais, era enraizada em um ódio profundo. No cômodo ao lado, em uma gaveta usada por Sofia, sua jovem assistente, estava o livro *Crônica do pássaro de corda*, de Haruki Murakami, no qual há este trecho: "O ódio é como uma sombra longa e escura. Normalmente nem a própria pessoa sabe de onde ele vem". Edna ainda não havia lido esse livro, recebido recentemente da editora, e não sabia de onde vinha seu ódio. Mas ele vinha.

No dia da mudança, por volta das quatro da tarde, Edna levou um bolo de banana para Rubens e lhe disse que a vila tinha sido uma boa escolha, que era um local muito aprazível, claro que o casal de arquitetos da casa 3 estava sempre contratando um DJ e dando festinhas que começavam com o pôr do sol, embora todos já tivessem feito um abaixo-assinado para que começassem após o expediente, e claro que o cachorro da 5 latia sem parar sempre que sua dona deixava o ateliê onde pintava suas aquarelas para ir ao correio, ao banco ou aonde quer que fosse, enquanto o gato da 7 saía pela portinhola pelo menos duas vezes por dia, entrava nas outras casas, subia nos cômodos, fazia o que queria e arranhava quem tentasse demovê-lo dessa ideia, mas que vila não tinha problemas, não é mesmo? O charme das casas fazia tudo valer a pena, o sol, as árvores, tão mais gostoso do que trabalhar em um prédio comercial. A energia elétrica acabava de vez em quando, e o abastecimento de água falhava quando menos se esperava, e não fazia muito tempo que dois homens haviam entrado na casa 9 e levado todos os computadores, mas, como Rubens havia acabado de chegar, ela falou sobre essas questões muito rapidamente. Ele foi simpático, até mesmo caloroso, e passou a cumprimentá-la sorridente, batia na porta dela no fim da tarde para um cafezinho, certa vez levou biscoitos. O novo vizinho estava sempre conversando com Edna sobre a vila e sobre o mercado editorial. Falavam mal dos seus autores, das editoras e das grandes livrarias: autores que telefonavam cheios de inseguranças e mágoas em relação à imprensa, ao país, aos editores, aos prazos, às resenhas publicadas e às resenhas não publicadas; editoras que só queriam contratar autores com mais de cem mil seguidores nas redes sociais, tinham um departamento de marketing mais numeroso do que o departamento editorial, desistiam dos novos autores depois da primeira tiragem e não faziam esforço nenhum para divulgar os autores já consagrados; livrarias que davam calote nas editoras, que davam calote nos autores, que choravam com seus agentes, que não podiam fazer nada. Toda vez que reclamavam de um novo corte feito pelo Ministério da Cultura, tinham saudade dos cortes feitos pelo antigo governo que agora quase pareciam simpáticos; sentiam que logo mais não estariam lamentando a suspensão de mais um edital ou mais algum programa em bibliotecas e espaços públicos, porque estariam ocupados lamentando o fim do próprio Ministério da Cultura e das bibliotecas e dos espaços públicos, e depois lamentando a proibição da publicação de qualquer texto com mais de sessenta páginas que pudesse ser chamado de livro. Geralmente, terminavam as conversas com observações do tipo: "É isso que dá trabalhar com livros num país onde ler é lindo, mas ninguém quer saber de ler", ou "E esse pessoal que diz que não lê porque livro é caro, você já parou pra pensar no quanto eles vão gastar até segunda-feira com cerveja e café expresso?".

— • —

O primeiro dia em que Edna sentiu ódio de Rubens foi uma quinta-feira, por volta das vinte horas, quando ela, computador desligado, foi fechar a janela e viu entrar na agência dele uma moça de vinte e cinco, vinte e seis anos, saia longa, blusa curta, bolsa de tecido, sapatilha. Se era autora, não a conhecia. Seria parente de Rubens? De repente, sentiu que estavam tendo um caso, ou começariam a ter um caso naquela noite, talvez pela forma como ela tocou a campainha, como ajeitou o cabelo enquanto esperava, pelo perfume bom que Edna não sentia, mas que intuía que exalava do pescoço dela, será? Rubens cumprimentou a moça com um longo abraço, ela entrou, ele fechou a porta. Edna terminou de fechar as janelas, apagou as luzes, pegou sua bolsa e trancou a porta, mas não caminhou até o metrô — em vez disso, atravessou a ruazinha e ficou parada em frente à porta de Rubens. Frases ouvidas pela metade, comentários sobre literatura — "Você precisa ler a Chimamanda, Rubens...", "Ah, quando você vai me trazer um exemplar de presente?". Risadas, mais comentários literários. Agora, um jazz ao fundo. Um vinho sendo aberto, o barulho líquido caindo em uma taça, agora em outra taça, um brinde.

— Tudo bem aí, dona Edna?

— Tudo ótimo, seu Nelson, tudo ótimo — ela sussurrou, agitando as mãos.

O zelador acenou com a cabeça e foi embora.

— Lembra de falar com aqueles dois lá da casa 3 que festa, agora, só depois das oito da noite, que isso ficou decidido. — Ela avançou alguns passos em direção à rua e disse baixinho. Nelson a estranhou ali parada na calçada, mas concordou e foi embora. Como Nelson era intrometido.

E então vieram as pausas. Na sequência, os tecidos se tocando, os beijos. O jazz continuava. Não se ouvia mais o som das taças. Mais beijos. Respirações. Edna olhou à sua volta: não havia ninguém fora das casas, e Nelson não estava mais por ali. Então deu dois passos para o lado e observou pela fresta da janela. Rubens e a mocinha no sofá, ela sem a blusa, ele inteiro vestido, ele em cima dela. Agora, ela estava sem sutiã, ele levantando a saia longa.

Edna parou de ver a cena de repente, como quem desperta de uma hipnose. No metrô, ficou ainda mais irritada do que de costume quando entraram na sua frente antes que ela saísse do trem. Em casa, chutou para longe o boleto deixado embaixo da porta. Tomou banho, esquentou o pedaço de pizza de dois dias antes, abriu uma latinha de cerveja, mais uma, mais uma, tomou sorvete, abriu mais uma lata de cerveja, dormiu com a TV ligada. Sem dúvida, não tinha o menor interesse romântico/sexual por Rubens. Era um cara culto, talvez pudesse até ser considerado interessante, mas tão parecido com praticamente qualquer sujeito de meia-idade do meio literário. E estava mais barrigudo que nunca, e ficando careca, e usava sapatos horríveis. Por que se sentia tão incomodada?

Quando, na semana seguinte, Rubens recebeu outra mulher, tomou outro vinho, ouvindo a mesma trilha de jazz, Edna se sentiu pequena diante de sua sombra de ódio. Ela é autora dele, pensou, tarde da noite, fumando na janela, reconhecendo a historiadora saindo com sua calça justa e sorriso leve, Rubens ao seu lado, acompanhando-a até o metrô ou ponto de táxi, a garoa fria não incomodando nenhum dos dois.

Dali em diante, Edna não foi mais a mesma com Rubens. Nas conversas, seus ombros se contraíam, ela mantinha o queixo projetado para a frente e dizia coisas como:

"Por que *Vidas secas* é tão melhor do que *O Quinze*? De onde você tira esse ar de certeza factual quando está apenas emitindo sua opinião, tanto quanto eu?"

"Philip Roth era um escroto e escrevia mais ou menos. Sim, sim, eu gostava dele, não gosto mais, não pode?"

"Você está completamente equivocado, *Crime e castigo* foi publicado pela primeira vez em 1866, e não em 1890. Olha aqui no Google, tá vendo? Rá."

Rubens foi rareando as visitas até parar de bater na porta de Edna. Agora, só se acenavam de longe. Ela não olhava mais a poltrona e a rede de sua agência com a neutralidade de antes: passou a se incomodar por elas serem frequentadas apenas por contatos profissionais e pelo gato que vivia saindo da casa 7, nada de corpos suados, cotoveladas e joelhadas acrobáticas, fios de cabelo encontrados no dia seguinte. De vez em quando, nos eventos, jogava numa conversa o nome de Rubens, e ficou muito satisfeita quando uma autora comentou:

— Oxe, aquele ser deplorável trabalha na sua frente? Meus pêsames.

— Conheço, Edna — disse outra autora. — Na verdade, só trocamos algumas palavras, mas já deu pra sacar qual é a dele... Mas por que perderíamos o nosso tempo falando desse cara, mesmo? Deixa esse idiota pra lá.

Mas Edna não conseguia deixar pra lá. Num lançamento, mal pôde acreditar ao flagrar Rubens espiando o decote da autora enquanto ela autografava seu exemplar, sendo que ele estava acompanhado por uma bela garota pelo menos vinte anos mais jovem, que ria e jogava a cabeça para trás em dois a cada três comentários que ele fazia. Edna ficou tão distraída com as reações alegres da jovem e o peito inflado de Rubens que, ao ser apresentada a uma editora chamada Érica, lhe estendeu a mão dizendo: "Ah, olá, Érica, qual é o seu nome?".

Cara fechada no metrô. A. Humanidade. Não. Vale. A. Pena.

No dia seguinte, Sofia, caneca de café na mão, olhar perdido na janela, comentou:

— O Rubens é tão culto, né?

Edna estava fumando na sua mesa enquanto olhava não para a tela aberta do computador com o e-mail que precisava enviar, mas para a folha colada com fita-crepe à sua frente. O paraíso. Tão distante.

— Você acha, Sofia? Não acho ele nada de mais.

— Ele já leu *Ulysses*, sabia?

— Rá! Eu já dei um curso sobre *Ulysses*, querida. Há mais de quinze anos. Espera que vou te mostrar um artigo que escrevi, orientando quem pretende se aventurar no *Ulysses* pela primeira vez, um minuto, um minuto...

— Você tá bem, Edna? Tô te achando diferente esses dias.

— Não é nada, eu ando com muita coisa pra fazer, tenho um almoço com o Rogério mais tarde, onde tá esse artigo, meu Deus? Guardo todos os meus artigos aqui.

— Ah, eu acho tão charmoso quando ele olha para cima, como se estivesse procurando alguma ideia no vasto repertório dele. Posso confessar? Fico doida quando ele fala de literatura dando essas olhadinhas para cima e fumando...

— Pelo amor de Deus, olhar pra cima qualquer um olha. E eu também falo de literatura. E também fumo! Que diabo, onde foi parar esse artigo?

— É hoje aquele almoço que andaram me prometendo? — a voz de Rubens entrou pela sala, e a visão periférica de Edna captou o sorriso de sua assistente. Não jogue a cabeça para trás. Não jogue a cabeça para trás.

— Olha quem fala, você só me enrola — Sofia devolveu, pelo menos oitenta por cento dos dentes aparecendo. Por que a dificuldade de marcar um almoço era tão engraçada?

— Ah, olá, Edna — Rubens disse, a cabeça calva espiando sua sala.

Edna não sorriu: apenas respirou alto e se voltou para o computador. Ainda ouviu os dois conversando depois de se despedirem dela, os passos sumindo pela vila.

— O que ela tem, Sofia?

— Não sei, ela costuma ser amável. Meio ranzinza, mas amável.

— Isso aí é oscilação de humor da menopausa.

— É verdade, não tinha pensado nisso.

Aquilo foi demais para Edna. Ela se levantou, esquentou a água para fazer um café, desligou o fogo cinco segundos depois, sentou-se na poltrona, imaginou a cara de prazer de Rubens diante de mais uma mulher nua, levantou-se com nojo da poltrona, observou com desgosto a rede, sentiu-se cercada. Lá fora, o som dos pássaros, uma ou outra porta se fechando, uma ou outra pessoa passando. Andou até a janela e observou o ipê à sua frente. No dia anterior, estava todo florido, mas então cinco ou seis maritacas interromperam seu voo para passar algum tempo ali bicando todas as flores, uma a uma, como se tivessem vindo de longe apenas para isso, de modo que a copa agora estava verde de novo, nem parecia primavera. Até presenciar aquele ataque aparentemente sádico, nunca havia passado pela cabeça de Edna que simpáticas maritacas fossem capazes de fazer uma coisa dessa. Agora, um tapete rosa de pétalas cobria a calçada — até o fim de semana, todas já teriam sido levadas pelo vento.

— • —

Edna tropeçou no degrau da entrada do restaurante e esbarrou em um garçom até alcançar o banheiro. Tinha suado nas axilas? O cabelo estava atrapalhado? Devia ter se maquiado antes de sair. Devia ter se maquiado e pegado um Uber em vez de ir caminhando. E o restaurante não devia ter um degrau bem na entrada, é claro que não, vai se ferrar. Começou a procurar na bolsa algum batom, um brilho labial que fosse, mas não havia nada. Não costumava se produzir. Antes de ir para a agência, tomava banho, vestia uma roupa que estivesse limpa e não muito amassada, penteava o cabelo; se tivesse algum evento à noite, passava um pouco de corretivo nas olheiras, pegava um batom discreto e pronto. Ela saiu do banheiro e conferiu se Rogério ainda não havia chegado, e então deixou o restaurante e andou duas quadras até uma perfumaria onde comprara um presente não havia muito tempo.

— Eu queria um batom vermelho — pediu à vendedora, como quem solicita uma substância ilegal.

— A senhora tem quinze minutinhos? Posso te maquiar.

Edna já ia responder que não, mas apenas se sentou séria na cadeira apontada. "Cheguei", dizia a mensagem de Rogério enquanto ela recebia pinceladas de blush ("Esse pincel espeta, hein, mocinha").

— Como você está chique! — Rogério falou, no meio do abraço carinhoso e do beijo na bochecha. Será que o batom estava exagerado?

O garçom botou na mesa uma cestinha de pães. Enquanto Rogério discorria sobre o livro que estava escrevendo, Edna mastigava, dando-se conta de que os olhos dele eram cor de mel. E que o lábio superior era levemente maior que o inferior e um pouquinho torto, o que talvez lhe conferisse certo ar aristocrático, se os olhos não fossem tão doces. Ele gesticulava bastante ao falar, e sua fala era aberta, nada tímida, mas não chegava a ser exibida. Quando estava ouvindo, fazia movimentos rápidos de afirmação com a cabeça, às vezes limpava os óculos na barra da camisa e olhava cada pessoa que passava perto da mesa, mulher ou homem, velho ou criança. Agora, ele mexia na barba enquanto falava sobre a repercussão do seu último livro. Aquela barba ruiva e aquelas mãos angulosas com dois anéis prateados sempre tinham sido tão charmosas? Uma carona à noite depois de uma mesa-redonda de que ele participara era o contato mais íntimo a que tinham chegado, só os dois no carro, levemente embriagados. Mesmo naquela ocasião, porém, nunca tinha passado pela cabeça de Edna ter algo com Rogério que fosse além de uma relação afetuosa, mas profissional. Era seu autor havia algum tempo e se encontravam esporadicamente, sempre por motivos relacionados ao trabalho — aprovar contratos, reunir-se com editores, falar de novos projetos. A última pessoa que Edna havia beijado era seu ex-marido. Isso fazia nove anos.

Quando Rogério pediu um suco, Edna mandou às favas os boletos atrasados e sugeriu que tomassem um vinho. Taça de Carménère na mão, ela reparou que vinha cruzando e descruzando as pernas mais do que nunca e que talvez estivesse rindo além da conta, mas tudo bem, era bom ficar ali com Rogério. Sentia-se disposta, talvez um pouco agitada demais, e, quando percebeu ou imaginou que aqueles olhos à sua frente estavam brilhando de admiração pelas coisas que ela falava, se empolgou e começou a fazer longos comentários críticos sobre um romance recém-lançado lá fora que estava sendo traduzido para o português. Com a sobremesa, vieram os comentários mais mundanos:

— O Fabrício? Ele tem muito mais lábia do que literatura, muito mais empáfia do que originalidade. Se a Claudia tivesse escrito *A esmo*, queria ver se o livro seria tão respeitado, se faria esse rebuliço todo.

— Teria feito *mais* rebuliço. O mercado editorial agora ama as mulheres.

— O mercado não ama ninguém, e menos ainda as mulheres. Ele lucra com as mulheres. Elas escrevem os livros, mas não são levadas a sério. Veja o prestígio dos livros voltados para o público feminino e os voltados para o público masculino, quer dizer, os voltados para o público feminino e os ditos "universais"...

— Bom, mas isso...

— Qualquer homem que escreve mais ou menos é considerado um bom escritor, uma mulher que escreve mais ou menos nem é uma escritora de verdade. De qualquer modo, um livro do Fabrício é um livro do Fabrício, e você sabe que para se destacar no nosso meio mais vale ser bom político do que bom escritor.

— Ah, então, já que eu não preciso escrever bem, você poderia parar de fazer tantas observações nos meus originais. — Rogério riu.

— Você é diferente. Não só é um cara simples como é um autor talentoso. Você é uma pessoa especial, Rogério.

— E você é uma mulher admirável. Fico feliz de ouvir isso de você.

— Eu, admirável? — Ela passou a mão no cabelo.

— Tá brincando, Edna? Você tem um repertório tão vasto, é uma das mulheres mais cultas que eu conheço. Não é à toa que é a melhor agente do país.

— Bom, somos quatro agentes no país, ao todo.

— Que seja, você é a melhor. Eu te admiro demais, Edna.

Ela sorriu e pensou em pegar na mão dele, mas, em vez disso, acabou dizendo:

— Eu já dei aula sobre o *Ulysses*, sabia?

Rogério sorriu, franzindo levemente as sobrancelhas.

— Olha só. Que legal.

Ela começou a falar do artigo que havia escrito, e, em determinado momento, quando se deu conta mais uma vez da beleza daqueles olhos amarelados, e de como aquela boca era charmosa, e de como aquela barba era encantadora, admitiu para si que queria beijar Rogério. A autoconfissão veio acompanhada de um desejo urgente, como se um rio violento tivesse rompido alguma barragem, e ela sentiu vontade de abrir as pernas para o seu autor ali mesmo no restaurante, em cima da mesa, e de cavalgar nele, dar-lhe um tapa, ganhar um tapa, morder seu pescoço, gemer, gemer bem alto, gemer mais uma vez, gritar. Melhor ainda se tudo aquilo fosse na agência, na poltrona ou na rede vermelha. Como faria para levá-lo até lá? Era melhor convidá-lo agora mesmo ou outro dia? Sob que pretexto? Mas não aguentaria esperar. Precisava possuí-lo o quanto antes. Possuí-lo, estava gostando de acomodar aquele desejo súbito dessa forma, possuí-lo, precisava possuir Rogério.

— Vamos pedir a conta? — ele sugeriu.

— Já? — E ela pegou sua mão.

Agora ele franzia as sobrancelhas de modo bem perceptível. Edna sentiu o rosto queimando enquanto retirava a mão, concordou, pediu licença e foi ao banheiro. Fez xixi percebendo-se bamba, o coração batendo rápido, o suor escorrendo como nunca das axilas e do buço. Começou a esfregar papel higiênico embolado pela pele. Ao jogar o papel no lixo, deu de cara com sua barriga exposta, as duas dobras de gordura e as estrias fortes riscando do umbigo à virilha. Sentiu vontade de chorar. E foi o que fez, ali na privada: começou a chorar, chorar cada vez mais, sem saber de onde vinham aquelas lágrimas, aquela confusão. Respirou fundo, apertou a descarga, arrumou a roupa no corpo, olhou a maquiagem borrada no espelho, lavou o rosto. Ainda ficou parada por alguns instantes, as mãos apoiadas sobre a pia, o olhar esquisito da jovem lavando as mãos ao lado. De volta à mesa, estava séria.

— Tá tudo bem? — Rogério perguntou.

— Tá sim, tá sim. Pediu a conta?

— Já paguei, não se preocupe. Quer uma carona até a agência?

No carro, ela ainda planejou beijá-lo quando parassem na vila, mas não era um plano sério, era mais como um devaneio que lhe corria a mente por travessura, jamais para ser realizado. Quando Rogério parou o carro, ela se despediu com um abraço longo, encerrado a contragosto, e acabou dizendo:

— A gente podia marcar um vinho aqui na agência uma noite dessas, o que você acha? Pra conversar à toa. Ouvir um jazz.

— Claro, a gente marca, sim. — Ele sorriu e lhe deu um beijo no rosto, um beijo bem diferente daquele ao cumprimentá-la no restaurante. O de agora era não apenas mais curto, era insípido; um beijo mais do que protocolar: um beijo cauteloso. — Se cuida! — ele disse ainda, Edna fechando a porta do carro.

Ela se sentou diante do computador, passou algum tempo observando a caixinha de pendências transbordando com envelopes pardos fechados, contratos que deveriam ter sido encaminhados uma semana antes, documentos que já deveriam ter sido levados para o correio, e se assustou quando Sofia entrou.

— Foi incrível com o Rubens — ela sussurrou, olhando pela janela. — Você acredita que depois do almoço fui pra agência dele e a gente transou na poltrona?

— É mesmo? — A voz de Edna saiu fraca.

— Meu Deus, que homem. Acho que tô apaixonada, Edna. Sou uma idiota.

— Sim, vocês dois são. O que achou do corpo dele?

— Hum?

— O corpo dele. O peso, a barriga. Ele tem estrias?

— Sei lá se ele tem estrias, Edna. Ele não é um atleta, você sabe.

— A barriga dele é duas vezes maior do que a minha.

Sofia ficou parada, em silêncio, até que ofereceu um café.

— Não, obrigada. Vou me concentrar aqui.

Sofia foi para a cozinha, Edna fechou a porta de sua sala. Olhou o cartaz colado na parede, acendeu um cigarro, foi até a janela. Rubens trocava a lâmpada da entrada. Espalhadas pela calçada, as flores do ipê.

Divórcio Civilizado 9

"O divórcio civilizado talvez seja o pior tipo de divórcio", Carolina reflete, abrindo a porta do apartamento. É a primeira vez que pensa isso e ainda não sabe se concorda totalmente com o próprio pensamento, mas gosta dele. Leandro está viajando, foi participar de um congresso de psicologia, ela ficou de passar para fazer um pouco de carinho no gato, verificar se as tigelas de ração e água estão cheias, limpar a caixa de areia. "Escovar os pelos seria ótimo", Leandro havia pedido, e Carolina concordou. Estão separados há seis meses. Nesse período, ele declarou o imposto de renda dela, emprestou dinheiro quando ela entrou no cheque especial ("Você parece que não aprende"), e, gentileza das gentilezas, pegou a ex-sogra no aeroporto quando ela foi passar uns dias em São Paulo. Carolina o acompanhou na escolha de um terno ("É esse o caimento perfeito, pode ficar tranquilo"), fez um site para ele e, gentileza das gentilezas, ajudou a ex-cunhada, designer como ela, a montar o primeiro portfólio. Mas o divórcio civilizado talvez seja uma das invenções mais estapafúrdias da modernidade, ela está quase convencida disso agora que caminha pela primeira vez sozinha pela sala de Leandro, o cheiro de novo no piso e nos móveis, o tapete de ioga dele enroladinho atrás do sofá, o gato ainda escondido em algum lugar, onde? Carolina estava achando tudo muito adequado aos novos tempos, mas ali, na sala, começa a ver esse tipo de separação como uma refeição incrivelmente gordurosa, um prato tão pesado que nunca termina de ser digerido. Ela o chamou de "amor" sem querer no último telefonema, não foi? Não querem voltar, isso está de comum acordo. Mas também não querem ir. Seguem observando o reflexo de uma cidade que não fica para trás. Não são, pelo menos não ainda, exatamente amigos. Uma aura de estranhamento mútuo recobre os encontros, as palavras, os "Oi, como vão as coisas?". O tom de voz, os olhares, a intimidade de agora são um híbrido rançoso entre o novo e o velho, uma espécie de purgatório do casamento. "Não temos filhos, eu sei, mas foram sete anos juntos, é meio bizarro continuar se vendo, mas é mais bizarro ainda nunca mais se ver, correto?", tinha perguntado na terapia quando marcaram de ir ao teatro, dois meses após o fim. A terapeuta concordou, mas a terapeuta não era namorada de Leandro. A resposta da namorada de Leandro seria "não". E o futuro namorado de Carolina também responderia que não, ela está certa disso — não o conhece ainda, mas já fica tensa só de imaginar as discussões civilizadas.

Ela esqueceu o nome do gato e está estalando os dedos dizendo "pssssst", "pssssst", mas ele não aparece. A sala está arrumadinha. É a segunda vez que vai lá. Na primeira, ajudou seu amor, quer dizer, Leandro, a arrumar os livros na estante para onde está olhando agora. Não havia aquele porta-retrato, quem está nele? Ah, então essa é a Giulia. A namorada dele. Esqueceu o nome do gato, mas o nome da namorada, que só ouviu rapidamente uma vez, não esquece. Giulia, Giulia, Giulia. Sente o estômago queimar e abre a janela da sala, como se o vento fosse refrescar seu tubo digestivo. Eles fazem sexo quantas vezes por semana? Ele estava sempre devendo lá em casa, ela pensa, o porta-retrato na mão, a elegante camisa de Giulia, a tatuagem charmosa no braço, o frescor inútil vindo de fora, onde está o gato? Faz "pssst" novamente, agora mais alto, e lembra que precisa manter as janelas da cozinha trancadas. O apartamento fica no décimo andar. Todas as janelas têm tela de proteção, Leandro havia dito, exceto as da cozinha: as seis janelinhas sobre a bancada de granito têm puxadores internos e ficariam "muito feias" com o poliéster por dentro, o único jeito de instalar as telas, segundo o técnico. "O vizinho acabou com a cozinha dele", Leandro havia dito, explicando que só as abre para cozinhar e, mesmo assim, é preciso "ficar de olho". "Ele adora subir nessas janelinhas, cuidado."

O gato aparece quando Carolina está regando a samambaia, outra missão confiada a ela, tinha esquecido. Os divórcios civilizados são cheios de missões. Por exemplo, não podem abandonar o outro se ele adoecer. Esquecer os aniversários é impensável, um presente é desejável. Quando ela fez trinta e seis anos, Leandro deixou na portaria do prédio dela um par de sapatos. "Muitas alegrias no seu dia", estava escrito no cartão. Ela passou a noite jantando com os amigos e, depois, tomando uma cerveja com um cara que havia conhecido num aplicativo de encontros — longe de Leandro, mas usando os sapatos novos.

O gato rola no chão e para com a barriga para cima. Carolina coloca o regador em cima do pufe, se ajoelha e coça a barriga dele. Em sete anos, Leandro nunca falou em ter um gato, mas, agora, ela entende como eles podem ser adoráveis. Além disso, as pessoas mudam. No divórcio tradicional, você se enerva e diz ao ex-cônjuge coisas como: "Você sempre reclamou para andar até a padaria, de onde veio essa ideia ridícula de participar de uma maratona?". No divórcio civilizado, você aceita as mudanças e dá força para a pessoa seguir com as novas descobertas de sua jornada pessoal. Carolina faz cafuné no gato. Ele é mesmo muito fofo, além de receptivo. Alguns segundos de cafuné e ele começa a encher de lambidinhas rápidas o dorso da mão dela. Ela recolhe a mão instintivamente, estranhando o que percebe como a fricção de uma lixa, e então estende a mão e tenta relaxar enquanto assiste à carinha animada de Nuvem, ah, é mesmo, Nuvem é o nome dele. Ele não tem nada de nuvem, mas isso não é da sua conta.

Do nada, Nuvem para de lamber Carolina, esquiva-se quando ela tenta acariciar sua barriga e se enfia embaixo do sofá. Ela então caminha até a área de serviço para verificar os potinhos de água e ração. Está tudo em ordem. Pensa em ir embora, mas vê um bilhete na porta da geladeira: "Tem o sorvete que você gosta, Carol!". É mesmo um divórcio civilizado, não há dúvida. Não sabe por quanto tempo vai continuar ali, mas parece muito cedo para ir embora. Não quer fazer os favores para Leandro com má vontade. Além disso, nem decidiu ainda como vai passar o resto do sábado. Abre as janelinhas da cozinha para arejar o ambiente, tira do freezer o potinho de Ben & Jerry's — é mesmo seu preferido, triplo caramelo crocante —, serve uma taça e se senta na mesinha ao lado da geladeira. Toma o sorvete olhando para fora, sentindo o vento e pensando em como detesta aquele bairro, Itaim. Leandro nem combina com aquela região, mas é onde fica o consultório dele. Como pode ele morar perto daqueles bares cheios de mulheres com salto altíssimo, unhas bem-feitas e horror ao envelhecimento, e homens que só assistem a filmes com explosões e têm cara de escritório até quando estão de folga? Orgulha-se de ter parado de usar salto e só andar de tênis, e já há alguns anos não arranca mais as cutículas. Botox? Jamais faria. Intimamente, sente-se superior por conta disso. Ainda não chegou ao estágio de não se incomodar com grupos de pessoas que valorizam muito saltos altos e unhas impecáveis, e se pergunta se paz interior é mesmo o fruto de uma vida não convencional, livre de padrões rígidos, ou se está mais para o fruto de uma vida livre de julgar a vida, convencional ou não, dos outros. De qualquer modo, prefere continuar morando perto da praça Roosevelt, onde há muito mais barulho e sujeira, e onde já foi assaltada duas vezes, mas onde cruza todos os dias com pessoas de sotaques, roupas, tons de pele e sonhos diferentes, e onde, sobretudo, sente que a vida é mais do que ir do trabalho para casa e da casa para o trabalho, comprar coisas caras e ter nas viagens e passeios não um modo de alargar a vida, mas uma tentativa de compensação de uma vida inteira. Sim, os vizinhos de cima são barulhentos, mas também a convidam para suas festas, que ela passou a frequentar depois que Leandro saiu do apartamento — ele a estimulava a ir sozinha, não a acompanhava porque não gostava da ideia de ir a uma festa sem ninguém que conhecia, mas ela acabava não indo. O barulho dos skates cansa, mas andar pela região, sobretudo à noite, é deliciosamente imprevisível — a caminho do cinema, do bar, do restaurante, ela pode tanto ser surpreendida por alguém gritando qualquer coisa quanto por um estudante de teatro de dezoito anos a convidando para tomar uma cerveja com seus amigos ali, já, naquele momento (as duas situações já ocorreram, e a segunda terminou no apartamento dela). Certa vez, a uma quadra de casa, ela foi abordada por uma vizinha chorando porque tinha acabado de ser demitida; a vizinha queria apenas perguntar qualquer coisa sobre uma mudança de regulamento em relação a hóspedes temporários, porque estava pensando em alugar um quarto; era uma pergunta trivial, mas o que a encantou foi que a vizinha não disfarçou as lágrimas enquanto falava: "Você mora aqui, não mora? Conseguiu ir na última reunião de condomínio?", lágrimas, "Eu fui, sabe, mas não prestei atenção", lágrimas, "Você se lembra do que ficou decidido em relação a aluguel para hóspedes temporários?", lágrimas. A vizinha nem se esforçava para parar de chorar e deixava o molhado rolar até o meio das bochechas antes de enxugá-lo sem nenhuma pressa, e Carolina achou aquilo bonito. Quais as chances de isso acontecer ali, no Itaim Bibi? Em que endereços as lágrimas têm liberdade para correr em público? Foi por isso que convidou a vizinha para comer alguma coisa, ela aceitou, e agora tomam café da manhã juntas de vez em quando e acabaram de se inscrever num grupo de ciclistas noturnos. Não sabe dizer se há algum grupo de ciclistas noturnos ali no Itaim, mas, se houver, imagina que todos estejam sorrindo, sorrindo sempre, mesmo nos dias tristes.

Carolina repete a taça de sorvete e, quando vê, tomou o pote inteiro. Lava a taça, joga fora o pote, aproveita para tirar o lixo, dá uma olhada nas manchetes do jornal deixado pela vizinha na enorme lixeira reciclável no corredor do prédio, volta para a cozinha lendo o jornal e vai à sala para uma segunda rodada de carinho em Nuvem. Quem dá um substantivo feminino para um gato macho? Nem adianta achar que Leandro é moderno, ele não é desses, apesar de ser adepto do divórcio civilizado. Ela faz "psssst", "psssst", se agacha para olhar embaixo do sofá, mas nem sinal do gato. O porta-retrato, em compensação, está tão visível quanto antes — na verdade, parece maior, mais largo, e Giulia parece mais bonita. Deve ser a luz do fim do dia, esse horário é sempre confuso, aumenta a alegria dos outros e diminui a nossa. Aproxima-se da foto e admite, com tristeza, que Giulia é linda, e sente-se mal por se sentir mal com isso. Este talvez seja um ponto polêmico do divórcio civilizado: é desejável que se fique feliz pelo ex-companheiro, não é? Como não quer reatar, não pode preferir que ele esteja sozinho, não é mesmo? Ele pode namorar quem quiser. E ela não tem o direito de se incomodar com isso. Ainda que esteja sozinha. Ainda que sinta um aperto no peito agora, pegando o porta-retrato para ver de perto a cara simpática de Giulia, os brincos delicados, o piercing na orelha, as unhas que não estão feitas, mas talvez estejam na semana que vem, não importa. Deve viver em um apartamento térreo com quintal na Vila Madalena. Deve implicar, aos risos, com o endereço de Leandro. "Mas o que importa é que é uma delícia trepar com você, vem, vem", Carolina a enxerga dizendo antes de puxar a camisa dele e irem se beijando até a cama. Casais juntos há pouco tempo fazem esse tipo de coisa.

Nuvem. É preciso botar os pés no chão e se concentrar em Nuvem. Carolina deixa o porta-retrato no lugar, procura Nuvem pela sala, desiste e vai ao banheiro. Depois de lavar as mãos, vai, sem saber por quê, para o quarto, e, quando vê, está sentada na cama de Leandro, abrindo freneticamente as gavetas do criado-mudo e se perguntando por que não encontra nenhum pacote de camisinha — então eles já transam sem camisinha, ora, é claro que transam sem camisinha, tem uma foto de Giulia na sala, primeiro vão-se as camisinhas, depois vêm os porta-retratos, essa deve ser uma lógica universal. Ou eles estão tentando ter um filho? Será que Giulia parou de tomar pílula, usa tabelinha combinada com coito interrompido e esse método vai falhar? A ideia de Giulia grávida a enche de horror. Gavetas fechadas, Carolina sente uma tristeza funda e ágil se espalhando dentro de si. Está no apartamento do ex-marido, a namorada dele é encantadora e talvez esteja comprando um teste de gravidez neste minuto, seu último encontro, aquele bem no dia do seu aniversário, foi terrível, é tarde de sábado e ainda não sabe o que fazer à noite, não há nenhuma mensagem interessante no celular, seus amigos aparentemente foram fazer alguma coisa bem animada ou, quem sabe, não gostem mais dela, está com trinta e seis anos e sempre teve certeza de que não queria ser mãe, mas, agora, não tem tanta certeza assim.

Ela sussurra um fraco "psssst", "psssst". Que pessoa patética é, admirando as lágrimas públicas da vizinha, repreendendo as lágrimas escondidas do Itaim e morrendo de vergonha de chorar ali, sozinha. Não tem motivo para ficar triste, tem? É sábado, está tudo bem no trabalho, tudo bem com a saúde, aquele nódulo não era nada... E foi bom ter se divorciado, não foi? O casamento não estava funcionando, não é verdade? Os dois eram fiéis, mas isso por amizade, não por falta de vontade, e a tentativa de abrir a relação fora um fiasco... A abertura foi uma decisão de comum acordo, ela queria tentar coisas novas e achava que *o certo* seria levar aquela história de abrir o casamento como uma leve aventura, mas, quando viu a página do Facebook da mulher com quem Leandro estava ensaiando ter um caso, foi como se seus ouvidos tivessem sido perfurados por uma agudíssima nota de violino. Tentaram de tudo, ninguém é obrigado a ficar numa relação que não está mais funcionando... Não é? Separaram-se, sim, mas um divórcio civilizado é um motivo de orgulho, não é? E não é obrigada a ser mãe, é? E não há nenhum problema em estar solteira, há? Vai encontrar alguém, não é verdade? E, se não encontrar, tudo bem também, certo? É tão divertido estar sozinha. É bom ter tempo para si mesma. Viver solta, sem amarrar seus dias aos de outra pessoa. Dá um profundo suspiro. Olha as unhas malfeitas, lamenta o tênis surrado. Sente-se velha. E se fizesse botox sem ninguém saber? Melhor botox ou preenchimento? Bem, melhor se levantar, lavar o rosto, fazer um último carinho em Nuvem, deixar o apartamento e ir cuidar da vida. Ainda não sabe o que vai fazer à noite, se vai mandar mensagem para alguém, se vai ao cinema ou simplesmente ler alguma coisa em casa. Está em uma fase em que compra tantos livros, mas não lê nenhum, planeja fazer passeios que não fará, reclama do trabalho, mas não tem ânimo para mudar de emprego, não consegue se concentrar nos filmes até o final e é invadida por questões sem imaginação que já foram trabalhadas na terapia. Agora. Precisa se concentrar no agora. *Mindfulness.* Fazer um último carinho em Nuvem. Passar reto pelo porta-retrato. Sair daquele apartamento. Dizer a Leandro que também estará fora de São Paulo quando ele lhe telefonar pedindo qualquer coisa quando viajar. E onde está Giulia agora, afinal? Por que não está na área de serviço, limpando a caixa de areia de Nuvem? Está viajando com Leandro? Ou está batendo papo com ele pelo celular neste minuto, deitada em seu descolado apartamento no piso térreo na Vila Madalena?

Agora na cozinha, Carolina emite um sonoro "psssst" e então vê as janelinhas abertas. Meu Deus. Será que o gato caiu? Meu Deus! Ela se debruça sobre a bancada, vê um gato branco imóvel lá embaixo, leva as mãos à boca, fecha as janelinhas e vai para a sala, onde pega a bolsa e abre a porta, as mãos trêmulas. De repente, volta, coloca a bolsa em cima da mesa, procura caneta e papel e escreve: "Desculpa, Leandro! Eu errei. Sei que provavelmente você nunca mais vai querer falar comigo, e aproveito para falar que essa também é minha vontade. Estarei torcendo por sua felicidade, mas de longe. Adeus!".

Enquanto ela desce pelo elevador, celular na mão, bloqueando Leandro nas redes sociais, Nuvem sobe pelas escadas, entra pela mesma porta da cozinha pela qual tinha saído e bebe água na tigela. Ele passará os próximos dias muito satisfeito, descendo e subindo as escadas. Carolina entra no carro aliviada. Teve um divórcio civilizado, mas, historicamente, as civilizações nunca se deram muito bem.

10 Balas de Hortelã

— Você já reparou que errar é bater a cabeça num quarto escuro?

A pergunta não faz sentido para Ana Rita, mas ela concorda com a cabeça assim mesmo. A cigana olha bem atenta para os olhos dela, como se estivesse procurando alguma coisa esquecida ali há muito tempo. Só desvia para observar se o gatinho vindo sabe-se lá de onde ainda está escondido sob a mesa. Pelos eriçados, olhar vidrado no fio de sol que entra pela base da tenda, o gato, ainda filhote, parece ter decidido que vai sair dali, mas não tem certeza se é a hora; está a postos para se mover a qualquer instante, no primeiro momento de distração das duas humanas à sua frente, ou quem sabe durante um lampejo de coragem fortuita... Quanto tempo ficará embaixo da mesa? Está só de passagem por ali, suas patas eretas sobre o chão e as pupilas fixas lá fora revelam isso. Mas e aquelas duas à sua frente? Vão lhe fazer algum mal? E, depois que sair, ele vai se arrepender e voltar a buscar refúgio na penumbra da tenda? Talvez ele desista, afinal de contas. Talvez relaxe as patas, se esparrame embaixo da mesa e cochile por sabe-se lá quanto tempo.

As duas estão sentadas num tapete estampado e rodeadas por almofadas e objetos que parecem ter sido emprestados por uma equipe de filmagem que precisará buscá-los a qualquer momento. Pedras coloridas sobre um barril de plástico marrom. Flores artificiais em garrafas de vidro. Um baú com etiquetas de viagem pintadas. *Spain. New Zealand. Singapore.* Algumas frases da cigana são entrecortadas com vozes lá de fora: "Amor!, pegou o filtro solar?", "A mesa 5 pediu dois sucos de laranja". As mãos de Ana Rita, cheias de anéis, com unhas esmaltadas e dedos longos e enrugados, estão pousadas sobre a saia vaporosa nos joelhos. De tempos em tempos, ela afasta do rosto uma mecha do cabelo chanel ou alinha as sobrancelhas já alinhadas; seu dedo indicador parece muito frágil para a enorme pedra verde estacionada sobre ele, como um casco pesado demais para uma tartaruga pequena. Não há uma só ruga em sua testa, nem sempre se adivinha quando ela está sorrindo. Na tenda, Ana Rita age como costuma agir em situações novas: só fala o necessário e observa tudo com distanciamento, como se estivesse assistindo a um filme de aventura divertido, mas um filme. Ali, o que importa é reparar nos detalhes. Não pode se esquecer de comentar com Sérgio que os sapatos da cigana têm a sola inteirinha coberta de pérolas falsas. Como será pisar andando com um solado desses? Também quer falar da almofada estampada de cactos. Sérgio adora cactos.

A cigana sugere a leitura de runas, mas Ana Rita se cansou do filme de aventura. Antes de recusar a oferta, passa pela sua cabeça se aquela senhora é mesmo capaz de prever alguma coisa. "Tem um jeito fácil de saber se esse pessoal não é charlatão: antes de perguntar sobre o seu futuro, pergunte do seu passado", sua sogra sugeriu certa vez. Pensa em seguir o conselho, mas decide que já viu o suficiente para boas risadas com Sérgio e então sorri, fala que vai pensar e deixa a tenda com movimentos calmos.

Ana Rita coloca os enormes óculos escuros e fica parada em frente à piscina, o céu bem azul quase se confundindo com o mar logo adiante, após a cerca que separa o hotel da praia. Por trás dela, o gatinho passa correndo, mas ela não percebe. Muitas espreguiçadeiras vazias, um ou outro hóspede nada na piscina ou caminha pela areia, o restaurante segue cheio e silencioso, garçons indo e voltando com suas bandejas. Ir para o quarto e vestir o maiô, será? Nos dois primeiros dias, nem cogitou nadar perto de sua equipe, mas, naquela manhã, todos já foram embora, só ela, que tinha um almoço que acabou sendo adiado, ficou para o voo noturno. Ligou para a secretária pedindo que remarcasse seu voo, não havia lugar no avião, "Tudo bem, querida, é bom que dá tempo de aproveitar a piscina!".

Ela olha o delicado relógio de pulso, presente de Dia das Mães: dez e quinze. Pensa em dar um pulo no salão de beleza logo ali, no mezanino. Fazer uma escova? Fazer as unhas, quem sabe. Observa o esmalte rosa impecável no interior das sandálias compradas em Nova York. Caminha até o lobby, para diante da escada, dá meia-volta. Suspira.

De volta ao quarto, confere se guardou a bermuda cáqui. Uma sorte aquela loja elegante em frente ao restaurante onde almoçou com a equipe. Sérgio tem uma quase igual, mas está velha, e outra larga demais, porque emagreceu um pouco nos últimos tempos. Ajeita os presentes dos meninos: uma camiseta e um boné, ambos com o bordado de um coqueiro, uma onda e a inscrição "Natal, Rio Grande do Norte". No fundo, sabe que não vão usar aquilo, mas arruma tudo com cuidado assim mesmo. Os dois mal a visitam depois que se casaram. Têm trabalhado tanto. Passa algum tempo sentada na cama, olhando pela janela. O toboágua começa a receber a gritaria alegre das crianças, e ela se lembra de quando passou um mês inteiro com o marido e os meninos ainda pequenos em Maceió. Quem tira um mês de férias hoje em dia? Os fins de tarde na beira da enorme piscina, o *staff* tão gentil, ela e Sérgio na espreguiçadeira, um pouco de areia ainda nos pés. Conversas, risos, drinques,

"Olha esse pulo, mamãe", "Muito bem, querido!". Dudu e Carlos ou estavam brincando, correndo e rindo, ou se estapeando, e, de vez em quando, ela se levantava para ameaçar deixá-los de castigo. Sérgio elogiava a mãe que ela era, os dois voltavam a rir com suas taças coloridas, engatavam outro assunto, e mais outro. Ainda hoje, depois de tanto tempo, ele continua atencioso. Beija sua testa quando a vê. Toda segunda-feira, telefona para os pais dela. É especialmente atencioso com a mãe, que mais uma vez está com depressão e chegou a tentar suicídio alguns meses atrás.

Pega o celular e manda uma mensagem para Sérgio: "Te amo". Pensa um pouco e envia em seguida: "Hoje você fica até tarde no escritório, querido? O que acha de jantarmos em um restaurante especial?". Lê com cuidado a mensagem enviada e sorri. Resolve trocar as sandálias por chinelos e caminhar na praia. Quando termina de descer as escadas, acaba andando em direção ao lobby e entrando no salão. Sentada diante do espelho, as mechas meladas de máscara hidratante, chega a tirar da bolsa o livro levado para ler no voo, *Manual da faxineira*, de Lucia Berlin. Ganhou no amigo secreto da empresa. Abre no conto "Toda luna, todo año". Lê duas páginas — o dobro do que leu no avião.

O restaurante acaba de abrir. Ana Rita, o cabelo impecável como as unhas, serve-se no bufê e pede um suco de graviola. Na areia, um casal correndo, apesar do sol a pino. Duas crianças sob o guarda-sol brincando com balde e pazinhas. As ondas bem grandes se quebrando na praia, se quebrando, se quebrando. Ela olha as horas no celular e lê: "Boa viagem, Aninha. Estou na correria, depois nos falamos". Sorri. Ele a chama de "Aninha" até quando está bem atarefado. Confere as horas mais uma vez e pensa em caminhar na areia antes de voltar para o quarto. Fazer a digestão. Sentir o mar morno nos pés. Falta muito para ir embora? Do restaurante, vê a tenda fechada com seus mistérios, os hóspedes com seus filtros solares, corpos bem treinados na academia e *selfies* na beira da piscina.

O avião parte às oito. Nenhuma página lida, uma tentativa de cochilo. Lembra que terá folga no dia seguinte e percebe a garganta se apertando, como se seu pescoço de repente fosse fino demais. Sente uma súbita vontade de chorar. Pega na bolsa balas de hortelã extraforte.

— • —

O enorme portão escoltado por dois funcionários se abre. Ana Rita sai dirigindo seu SUV preto pelas ruas do Morumbi. Dirige devagar apesar do peito acelerado. Nos faróis vermelhos, os anéis batem no volante. Não escuta a voz do locutor no rádio, fica de olho nos retrovisores.

Na garagem do edifício na Faria Lima, sente-se confortável. No lobby, então, está em casa. Do piso ao enorme lustre central, tudo é claro e reluzente. Aprecia o enorme espelho, as pessoas elegantes entrando e saindo, o cheiro neutro de limpeza. Gosta de como lhe dão o crachá sem perguntas. Décimo segundo andar. A sala de espera clara e reluzente como o lobby. Espelhos pelas paredes, sofás que parecem jamais ter sido usados, cheiro de aromatizador no ar, uma longa bancada de madeira e aço escovado, atrás da qual está sentada, ao lado do telefone, uma senhora de cabelos bem penteados. Ana Rita abre um largo sorriso.

— Bom dia, Kátia! O Sérgio já chegou?

Kátia sempre a recebe sorrindo, oferece café, oferece água, pergunta como estão os filhos. Mas hoje Kátia está estranha. Não oferece café. Não oferece água. Não pergunta sobre os filhos.

— Por que a senhora não se senta, dona Ana?

— Ah, ele está em reunião? — Ela responde de pé, o sorriso resistindo.

— Não, só vou ligar pra ele, um momento. — O telefone no ouvido, a cabeça inteira sem graça. De repente, o sorriso de uma lembrança amena. — Seu Sérgio tem ligado para os seus pais? Se não, me fala, que dou uma lembrada nele...

— Se ele não está em reunião, posso ir até lá.

— Só vou perguntar pra ele. Por favor, sente-se, dona Ana.

Sérgio aparece na recepção dois minutos depois. Ana Rita o abraça forte, ele se afasta e confere discretamente se a camisa não amassou enquanto fala sorrindo:

— Aninha, hoje não vou poder receber você. Por favor.

— Está tudo bem, amor? Cheguei ontem. Tenho tanta coisa pra te contar.

— Vejo que você está ótima, Aninha. Isso é muito bom. Depois nos falamos.

— Lembrei de quando passamos um mês inteiro em Maceió... Ah, eu provei suco de graviola, você tinha razão, é de outro mundo!

— Meu Deus do céu, foi só um fim de semana em Maceió, um fim de semana prolongado, talvez, e... desculpe. Mas é que faz tanto tempo... Bom, outro dia tomamos um café, deixe marcado com Kátia. Até mais.

— Comprei uma bermuda pra você.

— Obrigado, deixa com a Kátia. Agora você precisa ir, Ana.

E então a mulher vem lá de dentro. O cabelo ruivo na altura dos ombros, o corpo magro, a barriga crescida despontando com tranquilidade sob o vestido. Ana Rita leva um susto. Com o novo corte de cabelo e a barriga, parece ter ainda menos de trinta anos.

— Você aqui, Ana Rita? De novo?

Sérgio dá um beijo na testa de Ana Rita.

— Ela já está indo embora. Fica bem, tá, Aninha?

A mulher sai em direção ao elevador, Sérgio vai atrás dela. Som de elevador parando no andar. Kátia tenta sorrir.

— A senhora quer um café? Uma água?

Ana Rita faz que sim com a cabeça e continua em pé por alguns instantes, até dar vagarosos passinhos para trás e seu corpo começar a descer em câmera lenta em direção ao sofá.

Stand By Me 11

Renato está de volta ao apartamento, dois meses depois. Veio pegar o resto das coisas. Catarina ia deixar a chave na portaria, resolveu ficar. Escreveu um e-mail para ele ontem, acabou não mandando. Ele está no quarto, tirando suas roupas dos cabides, depois entra no escritório, pega alguns livros e discos, coloca tudo na mala. Ela está na cozinha, fazendo café. Ele recusa o café. No rádio, toca Beatles. "Here comes the sun." Até aí, a atmosfera está tranquila, Renato entre o quarto e o escritório, Catarina entre a sala e a cozinha. De repente, o rádio começa a tocar "Stand by me". Aí a coisa desanda. Catarina pensa em mudar a estação, não muda. Sente um aperto no peito e continua adoçando o café, Renato também sente um aperto no peito e continua botando as coisas na mala.

— Você nunca me deu segurança, Catarina — Renato fala, enfim, chegando à sala. — Nesse um ano e meio, nunca tive paz. E pensar que a gente ia casar, puta que pariu, a gente praticamente morava junto, a gente...

— De novo essa chatice de segurança! Olha só, Renato, te ofereci uma vida muito melhor do que uma vida segura, te ofereci um relacionamento alegre, uma vida cheia de vida, aliás, eu queria justamente te falar sobre isso, eu...

— Você me traía, Catarina, você ficava com outros caras bem debaixo do meu nariz, isso não é uma vida alegre, não é uma vida cheia de vida, isso é outra coisa!

— Tá bom, eu te traía, não vou perder meu tempo tentando te convencer do contrário, mas...

— É, não tenta mesmo, porque eu inclusive vi uma das traições, você com seu sócio na nossa cama, eu vi, Catarina, eu vi, não tenta me confundir mais uma vez falando que é coisa da minha cabeça, e não vem com aquele argumento de que reunião pelada é bom pra soltar a criatividade, eu...

— ... Tá bom, você tá certo, eu te traí com o Daniel, e também com o Samuel, e também com o Marcos, mas de fato reunião pelada é bom pra soltar a criatividade, você sabe que eu vi um estudo que...

— ... Fala o que você ia falar, Catarina, fala o que você ia falar.

— Na verdade, eu escrevi o que tenho pra te falar, espera um minuto que tá no rascunho do meu e-mail.

Ela larga a caneca de café, abaixa o volume do rádio e pega o celular na cozinha. Ele fica pensando: que bosta tudo isso. "Stand by me" já parou de tocar, e parece que o pessoal da rádio se distraiu, porque está tocando de novo "Here comes the sun", mas já é tarde, a atmosfera está arruinada.

— Renato, você sempre reclamou, durante nosso relacionamento inteiro, que eu era louca, que eu não parava quieta, que eu nunca estava satisfeita com nada — Catarina volta para a sala lendo triunfante. — Ora, Ricardo...

— Renato.

— Desculpa, foi erro de digitação, ora, Renato, o insatisfeito aqui é você, eu te ofereci uma vida borbulhante, uma vida vibrante, faiscante, luminosa, mas você não quis, você que finge para si mesmo que quer uma vida vibrante, faiscante, luminosa, enquanto na verdade você tem medo da vida, pior que o medo da morte só mesmo o medo da vida, você só sabe viver uma vida apagada, você que fala que é superliberal e tudo mais, mas nem colocar o dedo no seu cu você deixava, você que falava que queria aventura, mas que dormia todo dia às dez da noite, e que reclamava que eu fazia cafuné em você para o lado esquerdo, sendo que você parte o seu cabelo para o lado direito, você fica todo preocupado em não desarrumar o cabelo sendo que você mal tem cabelo, Renato. Eu sou uma boêmia, Renato, e aprenda uma coisa, o boêmio é um alegre, e o alegre é um apostador, aposta com prazer, o alegre pode ter um cuidado com a segurança, é claro que pode, mas ele nunca vai colocar a segurança em primeiro lugar, Gustavo, nunca! Renato. Em primeiro lugar, só as pessoas chatas soterram a experiência com uma pá de medo, eu tenho meus defeitos, mas fui tudo, menos uma companheira chata, você precisa de uma companheira chata, é claro que você não vai admitir isso, se alguém te perguntar como é a companheira que você quer, você vai responder que quer uma companheira legal, mas quem foi que disse mesmo que o melhor jeito de *não* conhecer uma pessoa é ouvir o que ela fala? Foi Nietzsche ou Buda, vi na internet, enfim, você queria segurança, eu te dei dança, tudo bem que eu te traí no banheiro naquela vez que a gente saiu pra dançar, mas você podia ter entrado no banheiro e participado da minha festinha com o Joaquim em vez de ficar reclamando, você sempre reclama de tudo, eu nunca podia fazer nada, dava cinco, seis da manhã e você já estava lá pedindo pra gente voltar pra casa só porque você tinha que acordar às sete, você tem esse negócio de dormir às dez da noite, né, vocês, que se preocupam demais em ter uma vida segura, vocês são muito rigorosos com o horário de dormir, com horário, com dormir, essas coisas. Lembra daquele Carnaval? Eu sugeri que você beijasse outros homens, qual o problema de homem beijar homem, que saco isso, e você lá, amuado num canto, só você pra ficar amuado num canto entre um cara fazendo xixi e uma odalisca e um Batman se pegando, ah, eu inventava tanta coisa legal, eu inventava coisas como piqueniques de madrugada no parque do Ibirapuera, fomos assaltados? Fomos, mas foi tão divertido, tomamos cerveja, ficamos admirando as estrelas, fizemos sexo atrás de uma árvore, o que foi fácil, já que estávamos pelados, os ladrões tinham levado tudo. Ah, Renato, no final você só sabia reclamar de mim, você reclamava até quando a gente viajava, só as pessoas entediantes reclamam de viajar, você reclamava que eu traía você, reclamava que eu era ninfomaníaca, reclamava que eu te estapeava e puxava o seu cabelo quando eu estava nervosa, você reclamava de tudo que eu fazia, você nunca aceitou meu jeito de ser, sempre ficava me repreendendo, tirando minha liberdade, eu que escolhia com tanto cuidado as roupas que você usava e que fazia o favor de rasgar aquelas roupas horrorosas que a sua mãe te dava, eu que sempre apontava com todo o carinho cada errinho seu e fazia questão de te mostrar o jeito certo de fazer as coisas, eu que te ajudei a colocar um ponto-final naquelas amizades nada a ver que você tinha, eu que fiz uma festa surpresa pra você em pleno posto de gasolina, você parou para abastecer o carro no posto de sempre e meus amigos estavam todos lá, pulando pra você na loja de conveniência, achei essa surpresa tão a sua cara, uma pessoa que preza tanto pela segurança com uma comemoração numa loja de conveniência, é muito fácil organizar uma festa surpresa pra você, você abastecia o carro toda terça-feira às sete em ponto, vocês que prezam pela segurança, sempre é fácil organizar uma festa surpresa pra vocês. Eu não busco segurança, André! Renato! Que saco este autocorretor! Se eu encontrar segurança no meio da minha busca, que bom, se eu não encontrar, eu quero apostar, Renato, eu quero apostar e ver no que vai dar, eu quero propor coisas como: semana que vem vamos para o Butão, "Por que Butão?", você teria me perguntado, sei lá por que Butão, Renato, vocês que prezam pela segurança querem saber os motivos de tudo. Quando terminei nosso namoro porque não aguentava mais suas chatices, você ficou todo triste e eu te disse: "Não se preocupe, a gente pode ter um relacionamento casual, que tal?". Que namorada é legal assim, além de mim? No primeiro dia depois do término, tirei um nude caprichado e te mandei às nove e meia, bem perto da hora que você dorme, você lembra? Te mandei um nude incrível com a legenda "Boa noite", e o que você respondeu? "Boa noite, durma com Deus." Você é assim, Renato. Você é chato, é simples assim, você é aquele namorado que num primeiro momento as mulheres pensam "Nossa, esse cara me dá segurança, preciso dele na minha vida", e aí, num segundo momento, a gente se toca, "Quem disse que eu quero segurança, que saco", você é chato, Renato, e quer encontrar uma chata para vocês ficarem se chateando, você quer uma chata que não vai se tocar de que viver desse jeito é chato, essa que é a verdade, eu não quero isso, quero uma vida emocionante, quero uma vida empolgante, barroca, repleta de drama, eu não suporto o tédio, tenho pavor da mesmice, quero acordar numa quinta-feira e descobrir que é terça, quero morder uma maçã e descobrir que é uma goiaba, quero... Renato? Renato?

Mas ele já está longe. São quase dez da noite e ele foi para casa dormir.

12 O Contrato

Quarto comum, meia-luz. CAIO e FERNANDA estão nus e deitados na cama. O lençol bagunçado e os corpos preguiçosos deixam subentendido que se trata de um momento pós-coito.

FERNANDA *(acariciando o rosto de CAIO)*
Já te falei que tô apaixonada por você?

CAIO *(sorrindo excessivamente)*
Já. Mas fala de novo.

FERNANDA
Tô. Apaixonada. Por. Você. Muito. Como nunca estive antes! Quer dizer, como já estive antes, muitas vezes, afinal, tenho trinta e dois anos, mas você entendeu.

CAIO
Claro, eu também me sinto da mesma forma, Fê. Aliás, tava pensando aqui... Acho até que já tá na hora, sabia?

FERNANDA *(ajoelhando-se repentinamente no colchão)*
Eu ia falar isso!!! Mas me deu uma insegurança, sei lá...

CAIO *(ajoelhando-se diante de Fernanda e dando as mãos a ela)*
Ah, tá tão bom, tá tão gostoso... Não tá? Então por que não estragar logo, quer dizer, por que não assinar logo?

FERNANDA
Sim, sim! Tenho uma cópia aqui do que assinei com meu ex, já tinha deixado impressa pro próximo. Quer dizer, se você não ficar chateado...

CAIO
Tudo bem! A gente dá uma mexida pra ficar do nosso jeitinho, pega lá, pega lá.

FERNANDA se levanta e sai de cena. CAIO se senta na cama e esfrega as mãos animado, como quem está faminto e vê o garçom chegando com o seu prato. FERNANDA volta de óculos, com papéis grampeados e uma caneta. Na capa dos papéis, lê-se: CONTRATO DE CASTRAÇÃO MÚTUA.

CAIO
Deu até uma emoção agora, faz tempo que assinei um desses!

FERNANDA *(sentando-se de frente para CAIO)*
Item número 1: cortar toda e qualquer relação com os ex. Ex bom é ex morto!

CAIO
Começou bem básico, né, haha! Esse é óbvio!

FERNANDA
Avisar um ao outro toda vez que sair com os amigos. Mantemos?

CAIO

Claro, né! Mas escreve aí "antes". Avisar para o outro que vai sair antes de sair, que já tive problema com isso.

FERNANDA

Beleza. Concordo. Mantemos os itens 2.1, 2.2, 2.3, tudo, né?

CAIO

Deixa eu ver, deixa eu ver... Em caso de saída com amigos, não voltar tarde, não chegar bêbado, deixar o celular em cima da mesa o tempo todo, não dar carona para amigo do sexo oposto, só sair com amigo do sexo oposto se tiver outros amigos do mesmo sexo junto, rever essa cláusula em caso de mudança de orientação sexual... Beleza!

FERNANDA

Não rir demais nem muito alto quando se está conversando com amigo do sexo oposto: esse item é importante.

CAIO

No meu último contrato, especificamos os decibéis da risada. Mas acho que não precisa, né? Tava querendo agora uma coisa mais livre, mais solta.

FERNANDA

Também acho, que inferno seu último contrato, credo! Vamos deixar assim, sem decibéis. Mas não vale jogar a cabeça pra trás quando ri, isso acho importante botar.

CAIO

Concordo, bota aí!

FERNANDA *(fazendo marcações rápidas no papel)*

Agora sobre as mensagens! Nunca demorar mais de uma hora para responder uma mensagem.

CAIO

Esse acho complicado. Porque, veja bem... Aguento esperar uma hora, desde que a pessoa não esteja on-line. Porque aí...

FERNANDA *(fazendo anotações no papel)*

Concordo tantooo! Pode demorar até uma hora para responder desde que esteja off-line.

CAIO

Isso, entrou, respondeu. E sempre avisar quando chegou em casa! E sempre mandar boa-noite antes de dormir.

FERNANDA

Claro! Mesmo se estiver sem vontade.

CAIO

Mesmo se estiver sem vontade. "Te amo", "te adoro", tudo tem que ser repetido com vontade ou sem vontade, falou uma vez, tem que falar sempre.

FERNANDA

Perfeito. E, se um falar, o outro tem que falar também.

CAIO

Claro, né.

FERNANDA

Aliás... Se um dia você falar de um jeito não muito carinhoso comigo... Tudo bem eu ficar "estranha", né?

CAIO

Isso é muito importante no contrato. Temos, nós dois, assegurado o direito de ficar "estranho" por qualquer coisinha. Não existem coisas pequenas quando estamos defendendo nosso direito de ficar estranho!

FERNANDA *(anotando, grifando com força, marcando, interagindo nervosamente com o papel)*
Isso! E o outro tem que ficar tentando descobrir o que a gente tem e mimando a gente até a gente não ficar mais estranho. Acrescentei aqui! Agora, sobre curtidas: não curtir o que não gostaria que o outro curtisse. Ih, esse tá sem muitos detalhes, hein! Vamos pensar aqui os itens?

CAIO
Vamos! Ó: você não pode curtir selfie de amigo, foto de homem sem roupa, desenho de homem sem roupa, colagem de homem sem roupa, paisagem com um espelho ao fundo onde se enxerga um pedaço do reflexo de um homem sem roupa... Não pode curtir foto antiga de ninguém e não pode ficar postando selfie demais, senão vou pensar que você tá fazendo isso pra receber elogios de outros caras no inbox.

FERNANDA
Esse ponto é delicado, gato. Eu e meu ex fomos bem radicais... Dá uma olhada no próximo item.

CAIO
"Todo elogio/gracinha/papinho inbox deve ser deixado no vácuo e, em caso de reincidência, o emissor do elogio/gracinha/papinho deve ser bloqueado num prazo máximo de quinze minutos." Wow!!!

FERNANDA
Peguei pesado, né?

CAIO
Sim, eu e minha ex dávamos vinte e quatro horas de prazo.

FERNANDA
Muita coisa! A tendência é acabar pensando besteira nesse período.

CAIO
Verdade. Vamos manter os quinze minutos.

FERNANDA
Agora é o de sempre... Viagens: só a trabalho ou um com o outro. Ficar muito feliz nos momentos solitários: evitar. Cursos: não fazer nada interessante demais/que seja frequentado por gente interessante demais/aliás, evitar conversar com gente interessante demais. Sobre interesses em geral: ir diminuindo o leque, diminuindo, diminuindo, até que a gente comece a conversar sempre sobre as mesmas coisas e dê um salto assustado quando o outro vier com alguma ideia diferente.

CAIO *(fazendo uma cara entre manifestante indignado e cãozinho abandonado)*
Acho muito importante esse item, porque, senão, que relacionamento é esse que a gente quer construir?!

FERNANDA
Né? Em caso de briga, livre uso de frases ríspidas, xingamentos e ameaças; tolerância total ao tédio, falta de assunto e falta do que fazer; vitimização, chantagens emocionais e carência sem limites.

CAIO
Muita preocupação com o futuro, muito enaltecimento do passado, muito medo, muita previsibilidade, muitas obrigações sociais... E muita dedicação ao projeto de deixar nossos olhos opacos o mais rápido possível.

FERNANDA
Isso! Ai, não consigo nem pensar nesse dia. Quando olharmos um para o outro e encontrarmos nossos olhos opacos... Ai, amor...

CAIO
Me dá aqui sua mão, me dá sua mão...

FERNANDA
Aí a gente não vai mais querer transar. Um com o outro, digo.

CAIO
Isso! Aí, finalmente, estaremos prontos para ficar juntos para sempre.

CAIO e FERNANDA se beijam apaixonadamente.

Lavínia 13

Ela estava sentada no banco da pastelaria, as lágrimas pingando na massa frita.

— Eu não tenho a menor vontade de ser mãe, eu... Não é só porque todo mundo adora isso de ter filho que eu preciso adorar também, não acha?

— É claro, querida. — A desconhecida, uma senhora descalça e de lenço na cabeça, era toda compaixão e sabedoria perante a garota que havia acabado de lhe pagar um pastel. — Se você não quer ser mãe, não seja.

— Aí é que tá, eu *já* tenho um filho. É por isso que eu tô chorando.

A senhora fez uma breve pausa e então agradeceu mais uma vez pelo pastel e foi embora. Lavínia ficou lá, comendo e tomando um guaraná, e sem esforço acabou se esquecendo de tudo por alguns instantes, por alguns instantes foram só ela, o pastel, o guaraná, a luz fluorescente, as lágrimas que caíam agora sem tristeza, como o suor de quem corre. À sua frente, o movimento, o som de uma banda de rock aqui se misturando ao da dupla sertaneja ali, crianças correndo, casais lentos, o sol da tarde de domingo na avenida Paulista reservada aos pedestres. Então foi arrancada do instante pelos peitos se enchendo de leite, pelo curso do leite que não tinha o poder de descansá-la em outro instante daquele domingo — pelo contrário, o alarme leitoso a lançava em direção a um redemoinho dentro de si, bem longe da luz da pastelaria e da avenida, a quilômetros e quilômetros do sabor do frango com requeijão e da profusão das notas musicais, e agora lá estavam seus olhos enevoados por medos, arrepios e toda espécie de azia mental. Era de dentro, e não da enorme panela fumegante manejada pela mulher uniformizada atrás dela, que exalava o mais forte cheiro de fritura.

Terminou o pastel e o refrigerante, pegou a mochila e foi ao banheiro, onde ajeitou dentro do sutiã dois absorventes para seios. No fundo da mochila, esquecido, o romance *Sidarta*, lido durante a gestação e levado para a Casa de Parto de Sapopemba com o marcador nas páginas finais. No espelho, olhos inchados, olheiras, cabelo despenteado em um rabo de cavalo frouxo, a expressão de quem havia pulado de vinte e três para trinta e sete anos nas duas últimas semanas. Olhos envidraçados pelas lágrimas agora retidas, presas tão frouxamente como o cabelo. Uma lembrança ou outra de Pedro. Estilhaços da última conversa com os pais.

Pôs os fones de ouvido. Maurício Pereira. Saiu da pastelaria, passou pela banda de rock, desceu as escadas da estação Consolação do metrô e rumou para a República. O homem que pedia dinheiro na entrada da estação, a mulher de cabelo rosa que subia a escada rolante, as duas adolescentes conversando sobre um filme cujo nome Lavínia vinha tentando lembrar — nada foi percebido por ela.

— • —

Quando Lavínia chegou em casa, Luca dormia no moisés ao lado de Gabriel. Com dedos concentrados no violão, Gabriel nem ouvira a porta se abrindo. Vestia calça jeans e estava sem camisa, o torso magro com pelos ralos ganhando um tom de dourado da luz vinda pela janela. No encosto do sofá, duas canecas com café pela metade, quatro ou cinco tocos de cigarro no cinzeiro. Ele ajeitou os óculos e repetiu os acordes que havia acabado de tocar. Lavínia tirou os sapatos e se agachou diante de Luca, que dormia profundamente.

— E aí, Vivi! Não sei se prefiro essa versão ou a que te mostrei na terça, o que você acha? Lembra da versão que eu toquei terça? A que eu fiz depois de mostrar pro Alê?

— Eu gostei da de terça. Tô gostando dessa também. — Ela ajeitou o cabelo num coque. Gabriel tocando, Luca dormindo, as contas do mês pagas, por que o coração tão acelerado? Aquele coração parecia bater no peito errado, pertencia ao vocalista da banda de rock em frente à pastelaria, não a ela, não àquela sala. — O Luca tá dormindo desde que eu saí? Será que ele não tá com fome?

— Acho que ele tá de boa dormindo... Ah, fiz comida, arroz, feijão e carne, tá lá no fogão.

— Comi um pastel, brigada, amor.

Ele voltou a tocar, Lavínia permaneceu por alguns instantes observando Luca, a barriguinha bem redonda sob o casaquinho rosa de crochê, o fino cabelo castanho penteado para trás. Aquela visão a enchia de ternura e tristeza, como se fosse um quadro belo que a massacrava, ou um penhasco alto demais para a ponte frágil em que ela caminhava. Era ficar ali olhando Luca por mais alguns instantes e enlouquecer, era esticar a mão em direção ao quente daquelas bochechas e temer machucá-las, era ser mais embevecida para ter vontade de pular da janela. Num gesto rápido, ela se levantou e foi se refugiar na cozinha, as barragens interiores se rompendo pelo caminho.

— Vivi... Que foi?

Gabriel a abraçou com seu torso morno, ainda ensolarado. Lavínia encharcou o peito dele rapidamente; seus olhos desaguavam fechados. Ele levantou a cabeça dela e lambeu as lágrimas que escorriam, ela quase sorriu antes de falar:

— Eu fiz tudo errado. Sou uma péssima mãe. Não amo meu filho!

— Se liga, Vi, o Luca nasceu faz duas semanas. Para de se rotular assim, "sou uma péssima mãe", deixa disso. Vem cá... Fica tranquila.

— Eu me arrependi de ser mãe. Tá ouvindo isso? Eu me arrependi. Eu tô achando horrível tudo isso.

— Tudo isso o quê?

— Essa coisa de ser mãe, você, eu, minhas roupas manchadas de leite, esse monte de tralha do Luca em cada canto da nossa casa, tudo, eu nem sei mais, só sei que tá uma bosta, eu tô me sentindo uma bosta.

— Ei, a gente vai viajar, vai voltar a fazer as coisas de antes e também vai viver um monte de coisas novas. É só uma questão de tempo, tá tudo bem. Respira. Ei. Olha pra mim. Isso, respira. Vamos dar uma volta quando ele acordar, caminhar pelo bairro, vamos nós três.

— Ele não pode sair até ter tomado as vacinas, você sabe...

— Ah, é, puxa, tem isso aí... — Gabriel coçou a barba como costumava fazer ao refletir. — Na boa, eu tô sentindo que não vai ter problema nenhum se ele sair hoje. Vai ser ótimo, vamos lá. É só a gente se guiar pela nossa natureza.

— Vamos esperar, vou ficar preocupada. Logo mais, a gente leva ele pra tudo quanto é lugar, agora, não.

— Tá, beleza. Vem me acompanhar no violão, então. Toco aquela que você compôs, ficou tão linda.

— Não, essa música me deixa mal, não sei por que fui inventar essa música.

Deitaram-se no sofá. Gabriel beijou sua nuca e a abraçou por trás, envolvendo-a como uma manta macia. Em poucos minutos, ele adormeceu. As lágrimas de Lavínia voltaram a cair, não mais indiferentes como o suor, não apressadas como na cozinha; agora desciam com a cadência de uma melodia de Debussy, à vontade entre a respiração de Gabriel e a barriguinha subindo e descendo de Luca; lágrimas com a vibração alaranjada do sol que agora se punha.

Lavínia olhava o reflexo da luz no piso de taco. Diferentes tonalidades iam do café amargo ao caramelo, uma formiguinha dentro de um vão andando para a frente e para trás, para a frente e para trás; algumas folhinhas secas da samambaia tinham caído no chão, mas, se Lavínia levantasse o pescoço, veria que cinco brotinhos haviam nascido nas últimas semanas e, agora, escorriam em direção aos tacos com seu café amargo e seu caramelo, com suas formiguinhas indecisas entre caminhar e voltar, com as inúmeras tonalidades de luz que entravam pela janela. Lavínia não viu nada disso: seus olhos estavam parados sobre um ponto qualquer do taco sem perceber esse ponto. De repente, como que guinchado por mãos invisíveis, seu olhar saltou para Luca, e lá estava ele de olhinhos abertos. Silencioso, as pupilas misteriosas e sábias, as mãozinhas fechadas em concha e a boquinha salivando. Então seu rostinho se franziu levemente, ele abriu a boca e soltou uma meia nota de choro. Lavínia se levantou com um gesto rápido, mais rápido do que aquele que a tinha levado à cozinha, e o pegou no moisés. De volta ao sofá, subiu a blusa, ajeitou os pés de Gabriel em seu colo com uma mão e Luca no seu peito com a outra. Quando o bebê abocanhou sua aréola contornada por sulcos vermelhos, como um rocambole de goiabada, ela soltou um grito mudo. Então a boquinha dele se encaixou e a dor se dissolveu. Ela se recostou no sofá, ajeitou a cabeça de Luca e respirou um respiro profundo e solitário na sala agora escura.

Se pensasse naquele instante dois meses atrás, aquele instante teria lhe parecido cheio de vida, ainda que fosse uma vida estranha, a estranha vida dos planos. Ali, dando o peito para Luca, perguntou-se o que a distanciava da serenidade vislumbrada. Luca havia nascido saudável e forte. Foi tudo bem com o parto. A doula foi atenciosa, até mesmo doce. Os pais não foram visitá-la e ainda não conheciam o neto, mas isso era esperado. Chorou de ressentimento, apesar da espera. Só haviam se falado duas vezes desde que ela saíra de casa após concluir o ensino médio. Não gostavam de Gabriel — "dez anos mais velho e hippie" —, não aceitavam que a filha que havia estudado em colégio particular a vida toda tinha decidido não cursar faculdade, morar com o namorado, cantar em bares à noite e fazer bicos de dia — "E como você pretende construir uma carreira? E como vai ser no futuro?". Os irmãos apareceram de surpresa numa tarde — tinham faltado à aula de inglês e pegado um ônibus, chegaram contentes e suados para matar a saudade da irmã e conhecer o sobrinho. Adoraram a casa dela, o bebê, a aventura que a fuga representava para seus onze e catorze anos. Os pais nunca tinham pisado naquele apartamento de um quarto com um janelão na sala, na rua Major Sertório, perto da praça da República, e sempre o odiaram. O apartamento ficava na sobreloja de um mercadinho e fora recebido como um susto por Lavínia e um achado por Gabriel. Os dois pintaram as paredes descascadas e revitalizaram os trinta e cinco metros quadrados com todo tipo de telas e desenhos nas paredes, e plantas, muitas plantas. Um pôster de *Sobre a cidade*, de Marc Chagall, ficava de frente para a porta. Seis vasinhos de kalanchoes enfileirados na janela do banheiro. No caminho do fogão até a máquina de lavar roupa, manjericão, tomilho, hortelã. Orquídeas e lírios no quarto. No varal, pendiam roupas e agora roupinhas lavadas pelo casal com música e sabão de coco. O banheiro cheirava a lavanda, os espelhos e vidros estavam sempre limpos com pastilhas de cloro dissolvidas na água borrifada geralmente por Gabriel. Da cozinha, sempre vinha um cheiro de bolo e biscoitos assados por Lavínia, Gabriel dava aulas particulares de violão e tocava onde desse à noite, cada vez mais ela gostava de acompanhá-lo cantando e certamente se sentia feliz, ao menos quando não pensava nisso. Se pensava, era visitada por fantasmas de toda espécie. Sou feliz? Quero mesmo esta vida? Amo mesmo o Gabriel? E se ele voltar para a ex dele? E se ele voltar para o ex dele?, perguntava-se, geralmente no fim de um dia no qual ele havia lhe dado uma sequência de respostas lacônicas, se recolhido mais uma vez em casa após dias sem sair, dormido demais ou se recusado a fazer alguma coisa que haviam combinado, mas que, no fundo, ele não queria fazer. Às vezes, era apenas o tédio que acordava os questionamentos fantasmagóricos — naquele tempo, ela ainda sentia tédio. No geral, porém, sentia-se relaxada, quase livre, bem mais do que na época do colégio, bem mais do que nos últimos anos morando com a família. Veio a gravidez, um susto para ela, uma bênção para Gabriel, que acendeu uma vela em agradecimento a Oxum todos os sábados do primeiro trimestre da gestação. Lavínia, cujo plano de saúde tinha sido cortado pelos pais, agora se inteirava de como funcionava o sistema público, acordava cedo para agendar uma consulta. Ganharam tudo dos amigos no chá de bebê, das mamadeiras ao carrinho e roupinhas como o casaquinho cor-de-rosa, usado por uma garotinha que agora estava com dois anos e era afilhada de um casal de amigos de Gabriel, Pedro e Luana.

Naqueles quatro anos, Lavínia já havia trabalhado como garçonete e balconista. Nas duas vezes se desentendeu com os empregadores, demitiu-se e saiu sem nenhum dinheiro.

— Fez bem — Gabriel disse em cada ocasião —, esses caras só sabem explorar a gente, eu não duraria duas horas lá. É por isso que eu não pego esses trabalhos.

— Tá bom, amor, mas você só tá com dois alunos... — ela disse na segunda vez. — A gente vai pagar as contas com que dinheiro?

— O dinheiro não está no centro da nossa vida. Pagar as contas, isso não me preocupa, isso é uma coisa que a gente vai lá e faz, uma coisa que não deve ocupar nossos pensamentos. Nosso dia não pode girar em torno disso, nossa vida não pode girar em torno disso, isso é antivida, na verdade.

— Tudo bem, mas a gente tem que trabalhar pra pagar as contas...

— Ah, tudo se ajeita naturalmente, desde que a gente continue caminhando com suavidade firme pela trilha que a gente abriu, é só seguir a nossa natureza.

— Eu não sei, Gabriel, fico na dúvida se dá para seguir a nossa natureza em São Paulo.

O último emprego antes do parto foi como ajudante do sebo Augusto Matraga. O dono, seu Ataíde, um senhor de setenta anos que usava regata até mesmo no inverno e passava o dia tomando chimarrão, não era rigoroso com horário, pelo contrário — ele mesmo não aparecia às vezes. Quando decidia na véspera que não trabalharia no dia seguinte, pendurava uma plaquinha onde se lia:

"Volte amanhã, todo dia é um dia lindo."

Às vezes, ele mudava de ideia e tirava a placa ao chegar. Lavínia passava o dia lendo, atendendo e conversando com os clientes, auxiliando nas tarefas burocráticas. Entre as prateleiras, não havia pressa. Sentia-se bem nesse emprego. A caminhada até o Arouche, onde ficava o sebo, a catalogação dos livros novos, que, ao contrário do que ela esperava, era mais terapêutica do que entediante, e era bom ouvir os casos de seu Ataíde sobre suas andanças nos anos 1970, suas viagens por Santa Catarina trabalhando como tarólogo pelo caminho, suas seis ex-mulheres, seus filhos que estavam um em cada canto do país. Era tudo calmo e bom. E, quando o calmo começava a empalidecer, uma surpresa acontecia, como se a vida estivesse lhe dizendo: continue, é aqui o seu lugar, não para sempre, mas melhor do que isso — é o seu lugar agora.

Na época em que Lavínia pensava em fazer aulas de bordado, houve um dia em que uma cliente comentou que dava aula de bordado em seu apartamento a algumas quadras dali. Lavínia contou que o marido dava aula de violão e, por dois meses, aprendeu bordado e, em troca, Gabriel deu aulas de violão a Tatiana, esse era o nome dela. Em outra ocasião, quando Lavínia lamentava não ter sacado dinheiro para o metrô que precisaria pegar no dia seguinte, bem no dia em que queria voltar logo para casa e descansar, encontrou uma nota de dez reais na calçada. A poucas semanas do parto, quando foi atender um cliente esbelto que estava de costas, folheando um livro de Hermann Hesse, ele se virou e os dois levaram um agradável susto: era Pedro, o marido de Luana.

— Trabalho aqui perto — ele disse, sorrindo e virando os olhos, como costumava fazer ao mencionar seu trabalho numa repartição pública. Conhecera Gabriel na faculdade de Direito; Gabriel abandonou o curso no primeiro semestre, mas os dois seguiram próximos. Lavínia nem sabia que Pedro tinha um trabalho fixo, ele lhe foi apresentado como artista plástico. Foi Luana quem o iniciou na pintura. Cinco anos antes, aos quarenta e cinco anos, ela foi apresentada primeiro aos pais de Pedro, atores, e depois se encantou pelo filho deles. Lavínia gostou do casal desde a primeira vez que os vira. Hoje Luana se dedicava mais à carreira de atriz, e era Pedro quem mais usava o ateliê ao qual Lavínia o associou imediatamente: o adorável ateliê cheio de telas, latas de tinta e cheiro de vida preservada na edícula da bela casa onde ele e Luana moravam. Lavínia havia visitado com Gabriel o casal em duas ocasiões. Luana e seu entusiasmo, gestos espalhafatosos, a gargalhada amigável, a indignação frequente, a insistência quase maternal para que Lavínia aceitasse mais um pão de queijo, você está com frio, quer que eu feche a janela? Pedro e seu ar de planos bons para o fim de semana, seu gesto de botar o cabelo para trás e deixar seu rosto à mostra, revelando a harmonia entre as primeiras rugas balzaquianas e os olhos inquietos, brilhantes.

Pedro passou a ir ao sebo toda sexta-feira, o dia em que saía mais cedo do trabalho. Ficava conversando com Lavínia até as dezoito horas, quando ela ajudava seu Ataíde a fechar a livraria. Em uma ocasião, tomaram cerveja ali do lado; Gabriel apareceu mais tarde, e depois dele Luana. A última vez que Lavínia viu Pedro havia sido logo após o parto, uma visita do casal para conhecer Luca. Lavínia não sabia quando voltaria ao sebo, a poeira não faria bem a Luca; talvez ele pudesse ficar mais próximo à porta, mas e quando começasse a andar? Seria bom voltar à rotina no sebo, amamentar na cadeira onde costumava ler, continuar conversando com os clientes e surpreendida aqui e ali. Seu Ataíde rindo, tomando chimarrão e contando casos. Pedro e seu sorriso às sextas-feiras, Pedro e a beleza e a angústia despertadas por ele, a angústia que exalava da presença e apagava essa mesma presença em seguida. Nada estava planejado.

Luca agora cochilava novamente, seu pequenino e morno corpo de pé, recostado ao de Lavínia; a cabeça cheirosa amparada pelo ombro dela. Flácidos, sob o sutiã, os peitos de Lavínia descansavam. Suas lágrimas também serenavam, mas voltariam antes da próxima mamada.

— • —

Lavínia estava parada em frente à porta do sebo, olhando o movimento da rua. Terminava de comer o curau comprado de um ambulante, observava tudo e tudo a comovia de alguma forma. Um velho caminhando a passos lentos. Uma senhora caminhando rápido e falando alto ao celular. Um homem descalço e sem camisa carregando um saco nas costas, uma mulher curvada e de olhos opacos revirando o lixo. Uma pomba cinza andando resoluta — o que buscava? Como via o mundo com seus olhos de pomba? A sujeira da calçada e a enorme figueira do outro lado da rua, a figueira que talvez tivesse cerca de cem anos, mas que havia desaparecido por meses como todas as outras figueiras e agora voltava com seu imenso verde, sólida, inteira. Jogou o potinho vazio na lixeira, pegou chá na garrafa térmica, voltou. A fumaça que saía da xícara existia como o pássaro que pousava delicado no fio grosso suspenso pelos postes, o sol não estava tão decidido naquela manhã nublada, mas sua luz parecia à Lavínia suficiente e boa. Som de Luca rindo com Gabriel ao fundo da livraria. Ela sorveu o chá e permaneceu presente e porosa a tudo; seu interior em silêncio alegre acolhendo com gula a fusão de ruídos e visões.

Luca tinha acabado de fazer um ano. A festa de aniversário foi um sábado bom num casarão onde moravam cinco amigos do casal, no bairro da Liberdade. Bandeirinhas e luzinhas coloridas haviam sido penduradas nas árvores do jardim, crianças da vizinhança foram convidadas. Lavínia fez um enorme bolo de chocolate, recheou pãezinhos, embrulhou uma a uma as lembrancinhas que as crianças levariam para casa. Luca, tão alegrinho, batendo palmas e dando os primeiros passos. Os olhos de Luca quando ele saía correndo agarrado a um balão. Sua surpresa diante do robô colorido, seus gritinhos quando a mãe brincava de se esconder atrás do sofá e aparecer, esconder e aparecer. O cheirinho doce do pescoço suado de Luca, na hora do parabéns. Luca dormindo no Uber, na volta para casa, Lavínia o apertando agradecida — a quem? Ao quê? Talvez a tudo. A todos. Uma semana antes, ele tinha sido matriculado na creche e estava se adaptando muito bem. Seu Ataíde chegara a contratar um assistente no período sem Lavínia, mas estava sem ninguém havia algumas semanas.

— Estamos indo então, Vi. — Gabriel beijou a testa de Lavínia, Luca esticou os bracinhos para alcançá-la.

— Boa escolinha, meu anjinho. Bom trabalho, amor. Levo vinho à noite, o Pedro e a Luana vão jantar lá com a gente, você lembra, né?

— Ah, sim, coisa boa!

Os dois foram sumindo pela calçada. Lavínia se sentou em frente à rua com seu chá e um livro na mão. *Os prisioneiros,* de Rubem Fonseca. Estava na metade. Tinha acabado de deixar pela metade *Deixa comigo*, de Mario Levrero.

— Olha o que chegou. — Seu Ataíde lhe esticou um volume com a poesia completa de Hilda Hilst.

Lavínia sorriu e deixou *Os prisioneiros* no chão. Tinha perguntado não havia muito tempo pelo livro de Hilda. Sua tarde transcorreu entre páginas lidas, xícaras fumegantes, indicações de leituras para alguns clientes, bate-papos com outros, um breve cochilo na cadeira de dentro do sebo no final da tarde. Às dezoito em ponto, Pedro chegou.

— Que linda você está — ele disse, beijando Lavínia na bochecha. Ela o puxou delicadamente para perto de si e o beijou na boca. — Já trouxe o vinho.

Pedro conversou um pouco com seu Ataíde enquanto Lavínia guardava os livros espalhados; ela passou uma vassoura por todo o chão enquanto os dois gargalhavam; Pedro desceu a porta da livraria. No caminho, ele se lembrou de entregar à Lavínia um remédio que havia mandado manipular para Luca, numa farmácia ao lado da casa dos sogros. Era um remedinho para fortalecer a imunidade; Lavínia estava preocupada por conta da entrada de Luca na creche. Caminharam de mãos dadas. O dia no trabalho de Pedro, o sonho que ela tivera na noite anterior, um filme que estava passando, alguns silêncios que não representavam coisa alguma, nem sequer o tempo. Os olhos doces de Pedro. Rajadas-surpresa de vento. Uma parada na padaria, pães comprados, uma parada para um beijo sob um ipê florido.

Quando entraram no apartamento, som de Luca chorando, cheiro de molho de tomate vindo da cozinha. Beijos, abraços, Luca no colo de Lavínia, Pedro abrindo o vinho, Gabriel mexendo os pedaços de tomate na panela em fogo baixo. Luca tomava a mamadeira no colo de Lavínia, enquanto Pedro fatiava finamente rabanetes e Gabriel ajeitava o concassê de tomate num potinho para passar naquelas lâminas picantes. A entrada seguiu em uma tábua de madeira para a sala, com os queijos e um jarro de água com limão, hortelã e rodelas de maçã; depois de parar de fumar, Gabriel adquiriu o hábito de tomar vários copos de água com frutas e ervas. Som ligado, Tiganá Santana, Luedji Luna, Dave Brubeck, Billie Holiday. A abertura de uma exposição, uma notícia comentada, uma medida tomada pelo governo, pensamentos compartilhados, pensamentos brotados ali. Luca caminhando pra lá e pra cá, inventando um jogo com almofadas que só ele sabia, gargalhando e caindo. Luca choroso e sendo levado para o berço pelo pai. Lavínia se aninhando nos braços de Pedro. Interfone, Luana.

Duas horas mais tarde, na mesa, salada, carne assada e purê de batata. Mais um vinho aberto. Braços de Lavínia em volta de Pedro, beijo de Gabriel em Luana, por onde anda Tatiana?, vocês dois vão adorar Tatiana.

Conversaram até uma da manhã, quando Pedro e Luana se despediram. Iam se ver novamente no sábado, talvez Lavínia e Gabriel dormissem por lá. No dia seguinte, uma sexta, Luca ficaria com um casal de amigas para que os pais fossem a um show no Sesc, talvez seguissem até mais tarde com alguns amigos no bar. Não sabiam. Talvez cancelassem o programa e ficassem na casa das amigas, conversando com elas e brincando com Luca, como havia acontecido da última vez. "Mas esse show do Amaro Freitas tô muito a fim de ver", Gabriel disse ao fechar a porta, bocejando. No Uber, Pedro e Luana também bocejavam, unidos em um abraço satisfeito. Lavínia e Gabriel se deitaram. Entre o abraço na cama e a respiração de Luca, a suave lua entrando pela janela.

14 A doença misteriosa

Algumas coisas acontecem no nosso corpo sem que tenhamos ideia do porquê. Depois que meu casamento acabou, comecei a prestar mais atenção nessas coisas. Eu me lembro, por exemplo, daquela manhã em que acordei coçando sem parar meu polegar. Era uma bolinha cor da pele, redonda e pontuda; logo a imaginei se alastrando, eu precisando faltar à hidroginástica dali a dois dias. No fim da tarde, me arrumando para visitar minha filha mais nova, dou falta da coceira. Olho meu dedo, a bolinha não está mais lá. Para onde tinha ido? Por que tinha vindo? E por que, afinal, coçava tanto? Aquele mistério me perseguiu nos dias seguintes, dias nos quais esperei que a bolinha reaparecesse no mesmo polegar, ou, quem sabe, no dedão do pé ou até mesmo na orelha. Eu me sentia perdida, desidratada por uma espécie de sede de coerência epidérmica. E o que me garantia que a bolinha não estava silenciosamente migrando pelo meu corpo? Uma semana depois, ainda sem notícias da bolinha, e com medo de ela ressurgir *com tudo*, telefonei para meu ex-cunhado, que é médico, e ele disse que não, não poderia pedir nenhum exame para investigar uma bolinha que não estava mais no meu dedo. Desliguei o telefone desapontada, meu cunhado sempre foi insensível. Quando uma pinta apareceu na palma da minha mão, pedi a ele que me indicasse um bom dermatologista, mas ele disse que nenhum dermatologista investigaria uma pinta com menos de cinco milímetros. Fico imaginando a gigantesca revolução microscópica que precisou acontecer para que aquela pinta de que meu ex-cunhado desdenhou fosse formada; uma aglomeração celular de melanina ocupando cada vez mais espaço no meu sangue para dar à luz uma pinta perfeitamente visível a olho nu. Se ele tivesse tido a oportunidade de examinar com lentes adequadas aquele fenômeno... Mas sempre lhe faltou curiosidade científica, assim como ao irmão dele — meu ex-marido, que Deus o tenha (apesar de ele não ter morrido). Deve ser por isso que escolheu ser médico do trabalho e ficar anotando números de crachás, carimbando autorizações e gritando "próximo!" em sua sala bege, em vez de pedir exames para o que aflige as pessoas, como, só para dar um exemplo, pintas. De *qualquer* tamanho. Felizmente me separei e não considero mais esse sujeito como alguém da minha família, então evito lhe telefonar no meio da noite para tirar dúvidas sobre o crescimento do nódulo da minha tireoide, que sempre apalpo antes de dormir, e só lhe perguntei uma vez sobre o estranho odor que continuava vindo da minha urina apesar de os três exames solicitados pela minha ginecologista terem dado "aspecto normal, sem presença de corpos estranhos". Minha ginecologista pediu aqueles exames com má vontade, era tão impaciente quanto meu ex-cunhado. Felizmente, quando mudei para um plano de saúde melhor, troquei de ginecologista. Isso já faz alguns anos. Uma consulta com minha nova ginecologista custa uma fortuna, e ela é maravilhosa, acrescenta aos exames de rotina tudo que eu peço e sem reclamar, enquanto a antiga dizia coisas como "você não precisa desse", "esse não faz sentido" e, até mesmo, uma vez, "esse nem existe no Brasil" — o que era mentira, já fazia quarenta dias que o exame estava disponível, sim, em dois laboratórios nacionais. Era ela que ia ficar agachada no banheiro desprezando o primeiro jato de xixi e em seguida urinando cuidadosamente no potinho? A nova ginecologista não só pede todos os exames que eu solicito, como baixa os resultados na internet e até atende alguns dos meus telefonemas.

Entretanto, com exceção da minha ginecologista, os médicos só começaram a me dar atenção quando fui acometida pela doença misteriosa. A doença misteriosa, descoberta há poucos meses, mudou tudo. Antes dela, os resultados dos meus exames eram sempre bons, e eu sentia um orgulho escolar quando minha médica dizia que minha glicemia continuava 85, que minha pressão estava doze por oito, que minha tireoide estava funcionando perfeitamente bem apesar do nódulo e eu havia engordado três quilos não por preguiça da glândula, mas por excesso de bolacha de avelã — maldita hora em que minha irmã me apresentou essa bolacha. Eu vivia sendo surpreendida por uma pontada aleatória na barriga e, às vezes, percebia o tom das minhas veias do braço mais azul-piscina do que antes, mas observava atentamente a evolução dos sintomas e eles sumiam naturalmente, como a bolinha que coçava. No caso da coloração das veias, apesar de meu ex-cunhado insistir que não havia exame para isso, achei prudente solicitar a opinião da filha dos meus vizinhos de baixo, uma médica recém-formada que se interessava por tudo, mas acredito que ela estava ocupada com alguma coisa muito importante quando lhe mostrei as minhas veias no elevador, pois disse apenas que não era nada de mais e voltou para o seu telefonema, e ainda passou algum tempo me cumprimentando com má vontade. Médicos trabalham demais, e esses médicos jovens, o plantão acaba com o estado de espírito deles. Em todo caso, por sorte, a coloração das minhas veias acabou voltando ao seu tom normal, e também passou o incômodo que senti por vários dias no dedo mínimo do pé — penso que era uma artrite, e não se brinca com artrite, mas o médico plantonista não deve ter sido um bom aluno na faculdade, com certeza estudou graças a essas bolsas aí, porque não sabia o mínimo de medicina: é melhor que os pacientes procurem um hospital no começo do quadro, e não quando a condição já está em estágio avançado, correto? No entanto, muitos médicos parecem só se interessar pelos pacientes quando eles já chegam morrendo, e esse, infelizmente, era o caso do plantonista, que sugeriu ainda que eu "descansasse um pouco a cabeça" antes de me dispensar. Um caso típico dessas pessoas que ficam projetando nos outros o que elas mesmas precisam fazer — no caso dele, descansar a cabeça dos plantões.

Mas vamos à doença misteriosa. Ironias da vida, ela foi descoberta quando eu fazia meus exames de rotina, sem que sintoma algum tivesse se apresentado no meu organismo além da expressão de surpresa da minha ginecologista (a nova) durante o exame de toque — quando perguntei o que era, ela me garantiu que não era nada, mas pediu mais exames do que de costume e me orientou a mostrar os resultados para uma colega sua, pois ela tiraria dois meses de férias dali a uma semana (não entendi quando passei por acaso em frente ao consultório e a vi entrando normalmente, mas eu já estava muito preocupada com a doença misteriosa para dar atenção às alucinações visuais que tenho de vez em quando e que, aliás, sempre foram desprezadas pelos médicos — principalmente os mais jovens). Minha filha mais velha me acompanhou à consulta em que fui informada sobre o tumor. Na volta, no carro, ela me disse que, quando a médica contou o diagnóstico, eu fiz a mesma cara de quando ganhei no bingo, o que prova que tenho razão quando digo que minha filha não me dá atenção, pois nem reconhece mais minhas expressões faciais (ela é desatenta igualzinho ao pai dela) (infelizmente, quando nos separamos, ela já tinha vinte e sete anos, e não pude cortar a convivência dos dois. Se eu tivesse me divorciado quando ela e a irmã eram pequenas, hoje ela seria uma pessoa muito mais fácil de se conviver). Eu estava triste, muito triste por descobrir que, mesmo com todos os exames que tenho o cuidado de fazer periodicamente, um tumor havia chegado sorrateiro, e passei a me referir à doença como "doença misteriosa", pois nenhum dos médicos que consultei souberam explicar com precisão o que a originou; isso não foi exatamente uma novidade, pois os médicos não conseguem explicar uma bolinha, vão saber explicar um tumor? A medicina é mesmo uma piada, ainda mais no nosso país, ainda mais quando nas mãos dos jovens.

Antes da doença misteriosa, meus parentes viviam me acusando de ser desanimada, de não ter amigos, de mal sair de casa depois da separação. Adoravam falar que eu ficava vendo programas policiais na TV, faltando em duas a cada três aulas de hidroginástica e passando trote na casa do meu ex-marido (como se eu tivesse feito isso mais de duas vezes) (como se já não bastasse implicarem comigo porque uso as camisetas velhas dele como pano de chão). De repente, passaram a falar que eu estava mais entusiasmada, mais cheia de vida, dando-me mostras e mais mostras de uma insensibilidade sem tamanho — o que não me surpreende, já que o ser humano é mesmo insensível, não consegue enxergar o outro, mas enfim. Só porque agora eu acordava sorrindo e me arrumava com muita antecedência para os exames cada vez mais sofisticados que iam me pedindo? As pessoas são engraçadas, se você se entrega à tristeza após um diagnóstico difícil, elas te criticam, mas, se você está disposta a enfrentar com toda a energia sua delicada condição de saúde, então você está "mais entusiasmada", "mais cheia de vida". Era preciso lutar, e por isso passei a acordar mais cedo, tomar um café da manhã reforçado, regar as plantas, arrumar a casa, colocar uma música para tocar, testar uma nova receita de bolo. Antes, eu tinha vertigem ao olhar minha vista do nono andar, mas passei a gostar de fazer um chá e ir para a varanda contemplar as árvores lá embaixo, as pessoas passando, o canto dos pássaros. Voltei a me maquiar, me desfiz dos casacos gastos e blusas desbotadas, comprei roupas novas, voltei a fazer as unhas, tudo para escutar que eu "gosto de ficar doente", como me disse meu ex-marido, o mais insensível dos insensíveis. Também comecei a fazer caminhadas no parque e, nos fins de semana, consciente de que um pouco de ar fresco faria bem à minha recuperação, ia para a praia, encontrei um hotel-boutique muito arrumadinho em Juquehy, se bem que o café da manhã podia ser mais caprichado, avisei a eles que faz falta um doce com mais personalidade, feito na hora, quem sabe panqueca com *maple*, mas a mocinha nem sabia o que era *maple*, uma pena a ignorância do brasileiro, uma pena.

Na consulta de hoje, provavelmente serei informada de que meu tempo restante de vida baixou para seis meses, pois na última consulta a médica foi clara ao dizer que meu quadro estava piorando, apesar de minha cara estar melhor do que nunca — "Você é uma inspiração", a doutora disse, e notei que minha filha virou os olhos nessa hora, deve ter se lembrado de algo dito pelo namorado, eles estão sempre brigando. No tempo que me resta, vou aproveitar para ler alguns livros que comprei há anos e estavam parados na estante, conhecer restaurantes e outros lugares que sempre quis e retomar o contato com algumas amigas da faculdade. Uma delas me convidou para o casamento do filho, em outra cidade, então parte desse tempo será empregado na busca por um vestido adequado. Minhas filhas comentaram outro dia que nem se lembram de quando fui a um casamento sem estar de calça jeans. E ainda nem contei para elas que amanhã começo um curso de pintura em tecido, sempre quis fazer, mas achava a escola um pouco distante da minha casa, cinco quadras. Agora que comprei uma bicicleta vai ficar mais fácil.

— • —

Esses médicos de hoje são mesmo incompetentes, penso, amaldiçoando a vista do nono andar. Como eu tinha uma doença fatal e agora não tenho nada? Falar que você tem uma doença como um cinema que anuncia os lançamentos da semana e depois cancelar o filme assim, sem mais nem menos... Irresponsáveis! Sempre fui uma pessoa que valoriza muito a vida, e é justamente isso que falta a esses médicos de hoje, valorizar a vida, o paciente, a palavra. Nunca vi tamanha falta de comprometimento com um diagnóstico. Cheguei em casa, despachei minha filha para a casa dela e liguei para minha antiga colega da faculdade explicando que não ia mais ao casamento do filho dela, era só o que faltava, gastar uma fortuna com um vestido desconfortável, sendo que todos vão olhar é para a noiva.

Da varanda do nono andar, vejo o telhado da escola onde me matriculei para pintura em tecido. Ir até lá de bicicleta, que piada. Volto para a sala e ligo a TV no programa policial. E aquela bolinha no meu dedo, aonde foi parar?

Amor não é isso? 15

Quando Ana Paula soube que Fernando estava dormindo mal e tinha perdido cerca de cinco quilos, sentiu primeiro uma angústia e logo em seguida uma vontade incontrolável de ir à casa dele preparar-lhe uma grande panela de carne com batata e obrigá-lo a comer tudo.

Cinco anos antes, ele havia dito que não a amava mais. Pega de surpresa, mas não muito, ela propôs que continuassem se vendo sem compromisso. Ele estava livre para ficar com outras mulheres, desde que também ficasse com ela. Ela estava livre para ficar com outros homens, embora soubesse que não o faria.

— Opa, deixaram isso aí, nem tinha visto — ela disse certa vez, puxando o casaco da poltrona onde Fernando estava para se sentar. Foi para o quarto sorrindo, levando a roupa comprada na sessão masculina de uma loja de departamento. Ele pareceu não gostar daquele casaco, como quem não gosta de um inseto pousando no seu braço, um pernilongo insistente. Coçou o cabelo sempre cortado com máquina dois, passou a mão pelo rosto liso e fez a mesma cara que costumava fazer quando seu prato vinha errado no restaurante. As expressões faciais de Fernando variavam muito pouco. Assistir a um filme com Ana Paula, fazer sexo (na mesma posição de sempre: ela por cima), dormir não muito tarde para não ficar bocejando na reunião da manhã seguinte: era isso que tinha ido fazer ali, talvez fosse isso que ele tinha ido fazer na vida, e encontrar aquele casaco era como dar um tropeção do banheiro para a sala, resmungar e seguir em frente.

Mantiveram por alguns meses uma relação leve, dessas sem cobranças, que trazia muito mais sofrimento a Ana Paula do que uma relação cheia de cobranças. Ela sonhava com o dia em que voltariam a se relacionar como antes. Ficava esperando que Fernando fizesse uma surpresa e aparecesse sem avisar, coisa que ele nunca havia feito nem quando tinham o que chamavam de compromisso. Acordava de bom humor, tomava banho (lavava o cabelo e fazia escova dia sim, dia não), regava as plantas, lia um pouquinho de um livro de autoajuda para se sentir bem consigo mesma ou então fazia as unhas, escolhia um brinco na caixa de três divisórias com brincos separados por tamanho, depois escolhia a armação dos óculos de grau e o relógio que usaria naquele dia e dirigia seu Chevrolet Onix com uma agitação alegre até a seguradora onde trabalhava. Passava o dia na expectativa de o telefone tocar, de alguma mensagem chegar, e ia sentindo sua felicidade matinal agonizando pouco a pouco com o passar das horas até morrer no final do dia. Geralmente, dormia chorando e acordava refeita e esperançosa. Sexta à noite vinha com desânimo e sono, sábado era puro entusiasmo, dia de fazer hidratação no cabelo e máscara facial, retocar as luzes e fazer depilação quando necessário, dar uma volta no shopping, fugir da dieta, comprar alguma coisinha.

Doía ouvir dos amigos que estava fazendo papel de boba. Era isso? Estava fazendo papel de boba? Mas o que mais doía era quando decidia não se envolver mais com Fernando, decisões que sucumbiam à primeira mensagem com um oi ou um meme, ao primeiro convite para ver um filme em casa ou jantar em um lugar gostoso.

— Abriram uma hamburgueria aqui perto, o Carlão lá do serviço falou que é bem boa. Lá é assim, eles colocam um pedação de bacon frito em cada sanduíche, todo sanduíche é como se fosse x-bacon. Topa?

— Claro, Fê! Adoro bacon!

No dia seguinte, Ana Paula acordava convencida de que tudo era muito simples, era ela quem complicava: a vida era ótima, não podia reclamar de nada, Fernando era maravilhoso, aquilo era amor.

— A vantagem é que tenho a garantia de que ele nunca vai se cansar de mim — ela explicou à mãe numa visita. Era uma sexta à noite, as duas estavam na sala, bolo e café com leite na mesa, o pai de Ana vendo TV e pedindo que conversassem mais baixo. — Vou dormir sozinha hoje? Vou. Sei onde ele está agora? Não. Mas ele sempre vai estar comigo. Hoje em dia, mãe, isso não é pouca coisa. O pessoal vive as chamadas relações líquidas, você sabe, né? O Fê é um cara muito tranquilo, muito maduro, você sabe, e a gente sempre combinou um com o outro. Estamos nessa fase aberta, mas nosso vínculo é sólido.

— Não sei, filha, não sei... Você não pensa em casar com ele, pensa?

— Penso, mãe, você sabe que eu penso. Tem gente que tem relacionamento aberto por décadas, sabia? Hoje em dia é assim. Não era normal para sua geração, para a minha é. As coisas mudam. É o jeito que a gente arranjou hoje em dia para ninguém enjoar de ninguém. E é até melhor, cada um tem sua vida, Fernando não me chateia, eu não chateio ele.

— Será, Ana Paula... Será...

— Poxa, mãe, você quer que eu faça como todo mundo? Que eu desista da pessoa que amo e pule para o próximo relacionamento? Tenho paciência, sei doar, amor não é isso? Doar?

— Quer saber, filha? Você quer que eu concorde com você, mas vou falar o que penso: pra mim, isso não é amor nem aqui nem na China.

— Na China eu não sei como é, mas aqui devia ser assim. Você não vai à missa? Então. Você sabe que amor é servir ao próximo, é dar sem esperar nada em troca.

— Quando o padre fala isso, ele tá falando é de amor sem sexo, é amor pra dar esmola pra morador de rua, é outra coisa.

— • —

Uma rotina acabou sendo estabelecida. Às terças e sábados, Ana Paula passava a noite com Fernando. Às sextas, depois do trabalho, tomava café com a mãe ou a acompanhava à casa de alguma tia (o pai ficava em casa e pedia que trouxessem comida). Mais raramente, um cinema ou restaurante com as amigas. Não reclamava; pelo contrário — mesmo quando estava sofrendo, sorria para Fernando um sorriso doméstico e sem sobressaltos. Ouvia atentamente quando ele repetia as mesmas piadas e casos do trabalho. Buscava ser leve e engraçada para animá-lo quando ele estava muito quieto. Elogiava-o — "Você dirige tão bem", "Você é ótimo com planilhas", "Você sabe tanto sobre quadrinhos, é incrível". Preparava surpresas do tipo: levar a calça rasgada dele para a costureira. Baixar e legendar o filme que ele queria ver, mas tinha preguiça de procurar. Fazer uma receita inspirada naquele prato que ele tinha adorado num restaurante caro — "Você reclamou que lá a porção era minúscula, aqui dá pra repetir à vontade".

Com o tempo, Ana Paula foi parando de sofrer. Quando ouvia dos amigos que estava fazendo papel de boba, respondia sem o menor sinal de irritação: "Pode ser, depende do ponto de vista, tudo é relativo". Parou de decidir que não se envolveria mais com Fernando. Foi vivendo. No dia de ver Fernando, via Fernando. Quando dormia sozinha, não pensava no que ele estava fazendo, se tinha conhecido alguém, se estava pensando nela (geralmente, ele estava jogando videogame ou estudando para um concurso). Passou a acompanhar uma novela. Aprendeu a fazer pão. Inscreveu-se num curso de paisagismo. Sentia-se bem.

— Cadê o Fernando? Ah, claro, ele não veio, acertei? Eu queria ser calminha como você, Ana Paula — uma amiga comentou num aniversário.

— É o jeito de ela falar que você é trouxa, Ana — alguém acrescentou.

— Não é, eu realmente acho que ela tá melhor do que todo mundo aqui, a gente tá sempre reclamando, ela aceita tudo, viver assim deve ser uma maravilha.

Ana Paula continuou comendo seus brigadeiros. Lá-lá-lá.

Um dia, Fernando telefonou dizendo que queria conversar. Vamos almoçar? Vamos. Ana Paula adivinhou no meio do caminho o que seria, e era.

— Ana... Eu me apaixonei por outra mulher.

— Como assim, como assim?

— Foi lá no cursinho em que entrei, sabe. Ela começou a estudar lá em casa, eu na casa dela, rolou.

— Mas você tá todo normal, nem parece apaixonado! Tá me contando isso com a mesma cara que avisa que a pizza chegou!

— Ué, essa é a minha melhor cara!

Ana Paula não contava com aquilo, mas respirou fundo.

— Olha... Tudo bem. Fala de mim pra ela. Fala que a gente tem um relacionamento aberto.

— Já falei, ela não topou esse esquema. Ela é da igreja, não gosta dessas coisas.

Ela não topou esse esquema? Quem era ela? Por que tinha esse poder de não topar o esquema? E, afinal, por que precisava ser assim, por que ela e Fernando precisavam de um esquema? Por acaso não eram um casal, eram políticos envolvidos com lavagem de dinheiro? Ana Paula tinha ouvido, poderia até repetir se alguém lhe dissesse, mas não podia compreender o que estava acontecendo. Outra mulher. Apaixonado. Apaixonado por uma mulher que não topava esse esquema.

— Fernando, paixão acaba, sabia? Vai acabar daqui a pouquinho. O que eu sinto por você, e o que você não percebe que sente por mim, mas sente, isso não acaba, porque isso é amor verdadeiro!

— Ana, eu não vejo assim.

— Fernando... — A voz dela começou a tremer. — Meu amor, não me deixa! Pelo amor de Deus!

— Não usa o nome de Deus em vão, Ana. A Duda sempre me pede isso. O nome dela é Eduarda.

Ana Paula faltou ao trabalho, ao curso de paisagismo, perdeu a novela, saiu sem brinco. Depois de alguns dias, insistiu para que marcassem um almoço. Apareceu no restaurante com outra expressão em seu rosto — de mulher apaixonada, passou a mulher desapegada, independente, que estava ali porque queria sexo com um amigo. Não significaria nada, ela garantiu. Era só tesão. A outra não precisaria saber. Seria um esquema só dos dois — piscadinha. Fernando disse apenas:

— Acho melhor não.

— Você não entendeu a proposta. Não gosto mais de você. Percebi isso nestes últimos dias. Só tô acostumada a fazer sexo com você, não precisamos sair pra comer hambúrguer com bacon, essas coisas. Você sabe que a gente tem um encaixe, então por que a gente deveria deixar de transar? Me explica?

Fernando olhou para ela, e depois para o relógio, e disse que precisava ir. Antes de se despedir, Ana Paula perguntou se poderia passar na casa dele quando sentisse sua falta, apenas para conversar.

— Só bater papo, mais nada. Você nem precisa parar de fazer as suas coisas, pode conversar comigo enquanto faz a barba, come bolacha recheada. Seus avós nem vão notar a minha presença.

Ele consentiu, desde que ela telefonasse antes.

Ficaram assim por meses: Ana Paula ligava e falava que estava indo, Fernando concordava ou dizia "não, estou na rua", "meus pais vieram do interior, vou ficar com eles", "não, agora a Duda tá aqui".

— Tudo bem, amanhã ligo de novo.

— Beleza.

— Ah, Fernando?

— Fala, Ana.

— Você sabe. Eu te amo. Aproveita sua noite. Quero que você seja feliz, ouviu? Perto ou longe de mim. Isso é amor de verdade! Amanhã a gente se fala.

— O.k.

— Ah, Fernando?

— Oi.

— Tá precisando levar alguma coisa pra costureira?

Quando Fernando concordava com a visita, Ana Paula tratava de não demorar muito para não aborrecê-lo. Ia, fazia um café, olhava como estava a geladeira — a avó sempre providenciava tudo, e Ana Paula se alegrava quando o leite estava no fim ou quando estava faltando alguma fruta. Nunca se esquecia de repor a bolacha recheada. Pensar no namoro dele nem a incomodava mais. Não ia durar. Despedia-se com a certeza de que logo mais ele iria encerrar a brincadeira com aquela tal de Eduarda e voltar para ela.

Quando Fernando contou que ia se casar, Ana Paula chorou por dois dias seguidos, mas depois enxugou as lágrimas e passou a encarar aquele casamento como um problema do casal — Fernando e ela. E continuava indo visitá-lo, apesar de ele, com frequência cada vez maior, recusar suas visitas por telefone.

No dia em que Eduarda atendeu a campainha da casa onde os dois moravam e viu que era Ana Paula, ela bateu a porta dizendo que o marido não estava. Do lado de fora, Ana Paula ouviu Eduarda, aos gritos, dizendo a

Fernando que não admitiria mais que "aquela mulher" o visitasse, como ela sabe onde você mora, você tá conversando com ela, você acha que eu sou palhaça? Ana Paula foi embora orgulhosa, sabendo que a esposa de Fernando se referia a ela aos gritos e, sobretudo, que se referia a ela como "aquela mulher".

Ana Paula passou alguns meses sem contato com Fernando — sem telefonemas, sem visitas, apenas com a certeza de que logo mais ele apareceria, e com o secreto e confortante orgulho de ser aquela mulher. Até que o telefone tocou e era Fernando. Tranquila, ela ouvia: Eduarda tinha saído de casa. Problemas conjugais, brigas, Eduarda tinha o temperamento difícil, na época do namoro já era meio briguenta, não quis entrar em detalhes. Ele disse que estava dormindo mal, não merecia aquilo, a vida era injusta, as pessoas eram más, tinha perdido cinco quilos, talvez nunca mais se recuperasse. Foi quando Ana Paula sentiu uma vontade incontrolável de ir à casa dele preparar-lhe uma grande panela de carne com batata e obrigá-lo a comer tudo.

E foi o que fez.

Chegando à casa de Fernando, foi logo para a cozinha com as sacolas de supermercado. Fez a comida enquanto ouvia Fernando falar sobre como estava sofrendo, como estava mal, como tudo era sempre tão difícil para ele.

— Ela era perfeita... Deixei escapar a mulher perfeita...

— Perfeita? Mas vocês não viviam brigando?

— Perfeita que eu digo era a bunda dela, sabe? Os peitos, as coxas, você quer ver a foto dela de biquíni? Ela...

— Não precisa.

Ana Paula agora o observava comendo. Fernando devorou tudo. Depois fez um semblante parecido com gratidão e a abraçou. Beijaram-se. Foram para o quarto.

Para Ana Paula, o que os dois tinham era uma mistura de amor, desejo, saudade, realização e uma cumplicidade que sobreviveria ao tempo que fosse. Fernando não tinha nenhuma teoria sobre os dois. Vendo-o dormir, Ana Paula sorriu. Ter sido tão desejada por alguns instantes só comprovava o que já sabia: combinavam muito. Mais: haviam nascido um para o outro.

— • —

Seis meses depois, Ana Paula largou o emprego na seguradora, começou a trabalhar como paisagista, acabou se mudando para Madri e nem se lembrou de se despedir de Fernando antes de embarcar. Lá, passou três anos sem beijar ninguém, sentindo-se tranquila em alguns dias e chateada em outros, como sempre acontece. Fez muita coisa interessante nesse período. Acabou de conhecer um japonês e estão saindo. Neste momento, ela está andando de bicicleta.

16 Valeu a pena ter vindo

Valeu a pena ter vindo, ela pensou ali, deitada, era muito cedo, ela não sabia as horas, mas era muito cedo, ele ainda dormia, e ela não queria pensar, mas pensava, é claro, é tanta coisa para se pensar o tempo todo que ela acabou pescando esta constatação naquele lago quase vazio em que esteve imersa nas últimas horas: valeu a pena ter vindo. Já fazia alguns anos que ela havia decidido não repetir encontros com a mesma pessoa, ela que adorava decidir as coisas, mas ela repetiu aquela noite que agora era manhã com aquele homem que agora dormia e concluiu que tinha valido a pena estar pela segunda vez naquela cama.

Ela pensou então na origem daquela expressão, "valer a pena", que desagradável ela era, agora pensando na origem das expressões onde era lugar apenas de sentir o desejo e de abrir mão ainda que temporariamente de suas decisões, mas era assim que ela era, e as coisas são como são, por mais que se tente mudar aqui e ali. Valeu a pena, será que isso vinha da caneta, do tempo em que caneta tinha uma pena? Valer a pena era porque tinha sido bom assinar o contrato, a carta, o poema, derramar a tinta sempre arriscada sobre o papel indefeso? Ela não sabia, o celular estava longe, lá na sala, lá no mundo do Google com as respostas sobre as origens das expressões, o mesmo mundo das redes sociais, das mensagens e demandas inesgotáveis, das corredeiras de informação, das falhas e dos excessos de comunicação, o mundo que ela não queria acessar agora, ainda que fosse o mesmo mundo do aplicativo de encontros por meio do qual ela o tinha conhecido, ela que já tinha conhecido tantos eles, ele que já tinha conhecido tantas elas, mas, de novo, ela não queria acessar aquele mundo agora, ela que estava só pensando: valeu a pena ter vindo.

Valeu a pena, ela decidiu, agora com mais certeza do que nunca, a única certeza daquele agora. Valeu a tinta sobre o papel, e, mesmo que a expressão não tenha vindo daí, valeu. Valeu ter saído do banheiro de manhã, caminhar pingando do chuveiro para o quarto e se arrumar para sair de casa, dos seus confortos, dos seus medos mais enraizados e também das suas preguiças mais bestas — valeu a pena ter passado hidratante, ter cortado as unhas dos pés. Valeu ter usado o tempo para ganhar tempo ali, na cama, ele ainda dormindo, o celular ainda longe, ainda. Valeu ter cancelado um primeiro encontro com aquele outro cara que parecia promissor, promessa breve de uma noite só. Valeu ter batido pela segunda vez na porta daquele apartamento onde ela estava agora, e fodam-se os receios, que ela não sabia do que era feita a vida, mas também sabia que a vida não era feita só de receios, decisões e desilusões, a vida comporta algumas manhãs delicadamente separadas dos depois de amanhã, o olhar capta doses de real que talvez nunca virem uma foto, ou que talvez virem, vai saber: o que ela queria mesmo era não se dobrar nem aos medos nem aos planos; era demais querer isso, era demais pedir um pouco de abertura ao não saber, um pouco de reverência ao instante?

Valeu livrar a experiência das rédeas do controle, valeu se segurar para não marcar mais um primeiro encontro pelo aplicativo, o mesmo aplicativo que continuava acenando com outros encontros, mas que agora estava longe, lá na sala, lá no outro mundo — era impressionante como o aplicativo aproximava as pessoas da cama, mas ao mesmo tempo habitava uma dimensão completamente distinta das pessoas sobre a cama, ainda mais agora, de manhã, os corpos descansando naquele macio todo, o amarelado ainda vindo pálido lá de fora, tão diferente da luz forte das telas. Valeu ter parado de questionar tudo o que tinha lhe acontecido nos últimos tempos, valeu ter parado de definir o que lhe aconteceria nos próximos tempos, ela que estava cansada dos objetivos, ela que às vezes detestava o que os objetivos tinham feito dela. "Vive aí", uma amiga tinha lhe dito alguns dias antes, uma amiga que buscava a mesma trilha que ela, a trilha dos que tentavam (inutilmente?) fugir de todas as trilhas. Mas, naquele momento, ao menos naquele momento, ela estava longe das trilhas, e cada passo daquela fuga valeu, ela pensava agora. Valeu sustentar por alguns poucos momentos a falta de juízo e a amnésia de sua história amorosa/romântica/patética/sexual, valeu deixar no varal suas certezas antes que chovesse, ainda que o céu estivesse cinzento como sempre. Valeu estar ali, aceitando que não sabia o que seria depois dali, aceitando que não sabia quem ele era e mesmo quem ela era: valeu não fugir, não pedir, não atender pedidos, valeu aceitar que naquele instante era uma desconhecida para si mesma, ela que estava longe do celular e também do espelho.

Ela voltou a dormir, entregue à luz amarelada, aos lençóis macios, à leveza do corpo sem roupa e do espírito sem pretensões.

Duas horas depois, quando ela abriu os olhos, ele continuava dormindo, mas ela agora era outra: os barulhos da rua começavam a entrar pela janela, despertando todo o turbilhão dentro de si, e o futuro e o passado invadiram ferozes o cômodo. Ela se levantou, vestiu a calça jeans e a camiseta, pegou a bolsa na sala, abriu a porta, chamou o elevador, olhou o celular. Na tela, os dedos velozes, os olhos atentos, a correnteza das mensagens sem fim.

Cheiro de café queimado 17

Quando desliguei o telefone, demorei um pouco para localizar de onde vinha o cheiro de queimado. Andei lenta pela sala, o celular e o cigarro na mão, será que queimou algo no vizinho, será que foi aqui? Então me lembro de repente, como quem acorda com o despertador: estava esquentando o café antes do telefonema, meu Deus, o café, o café. Na cozinha, um rabicho de fumaça malcheirosa subia do bule; desliguei o fogo desapontada com o fundo do alumínio, o resto de um creme espesso dividindo espaço com manchas castanhas. Quem mandou esquentar café em vez de passar um novo? Minha mãe sempre me critica por tomar café requentado, devo ter pensado, o bule embaixo da torneira, a água fria ruidosa alcançando o fundo. Como se a questão fosse o café. Como se meus pensamentos não fossem nós dois.

Sentei no sofá, acendi outro cigarro, devo ter dado uma baforada profunda. Vestido longo, meia-calça, os pés ainda descalços. Aline e Rafinha estavam cada um com seu pai, e a universitária que alugava o terceiro quarto do apartamento havia viajado. Fazia tempo que eu não ficava sozinha em casa. Eu me lembro de ter passado algum tempo com a mão no peito observando o ritmo da minha respiração, a agitação calma de quem já tinha brigado aquela briga tantas vezes, sempre de um jeito novo, mas sempre a mesma briga.

As brigas de um casal costumam ser variações de um, no máximo dois temas. Nossos incômodos se repetiam; nossa rotina repleta de discussões exaltadas estava longe do tédio, mas nem por isso perto da criatividade. O conflito daquele dia havia sido mais uma vez entre o ciúme dele e minha vontade de liberdade, mas isso era só a casca. Nós dizíamos "eu te amo", mas isso também era só a casca. O que me exauria não era o ciúme, a ânsia de liberdade ou nenhum tipo de casca, eram os monstros internos que acordaram de um sono profundo quando nos encontramos. Nosso real nos pegou desprevenidos: a verdade chegava como um ladrão. Nem sempre somos o que achamos que somos. Algo de nós é despertado por certos encontros, algo que é nosso, claro, algo que precisa ser trabalhado, alguns irão dizer, mas algo que não aparece sempre e que antes nos iludia com sua falsa ausência. Eu me surpreendia com o eu que emergia quando as piores sombras dele vinham à tona; ele levava um susto com quem ele era diante das minhas profundezas. Era como se cada dia com ele fosse um retorno difícil aos meus fundamentos, à escuridão primeira da minha região abissal. Eu era calma, descobri com ele que tinha um ódio profundo de coisas que eu nem sabia. Ele era um marido tranquilo com a ex-mulher, destampou comigo seu ciúme mais enlouquecido. Enlouquecemos juntos. Mas não queríamos nos separar. Não diria que era o gozo pelo sofrimento que nos unia; era, antes, o gozo pelo brilho — esse brilho que emana de nós quando migramos da escuridão para a luz. Dividir minha cama com ele era como revisitar minha infância, minhas escolhas, a pessoa que eu havia me tornado não por amor, mas por medo e ressentimento. Às vezes passávamos três, até quatro dias fáceis, dias relaxados. Porém, na maior parte das vezes, nossos dias eram bonitos e difíceis. E, quando era difícil, parecia só difícil.

— Como você pôde publicar esse texto? Eu tô muito triste, extremamente magoado, extremamente inseguro — ele disse naquela tarde, pelo telefone. Havíamos combinado de nos encontrar à noite, eram seis, seis e meia, eu só ia tomar um café e ligar para o proprietário do apartamento para negociar os aluguéis vencidos. — Um relato de uma *foda nostálgica*? Como você acha que me sinto abrindo o jornal e dando de cara com essa sua lembrança? O que você acharia de ler sobre uma foda minha com minha ex-mulher?

— Você perdeu a cabeça? Não é uma foda nostálgica, não é uma lembrança, é um conto, Rodrigo, um conto!

Senti um fervilhar desconhecido dentro de mim. Como ele podia ser tão imaturo? Não fazia nem uma semana que havíamos brigado feio, voltando de uma festa. "Você estava olhando outros homens, os homens que estavam naquela mesa da frente", ele falou assim que entramos no carro. Na festa, Rodrigo era todo cortesia alegre, sorrisos, uma pessoa simples; a caminho do carro, suas maiores loucuras rompiam aquela comporta de que só eu parecia ter a chave. "Que homens? Que mesa? Eu não sei de quem você está falando, você está vendo coisas!" Então ele começou a gritar e a chorar; dois filetes de suor escorriam pelas suas têmporas, como sempre acontecia nessas ocasiões. "Você está querendo dizer que eu sou louco? Não me chama de louco!", "Como não vou chamar de louco alguém que me acusa de algo que não fiz e que agora está berrando comigo? Eu já disse que tenho medo quando você fica assim!", "Isadora, eu te amo, por que você faz isso, fica olhando pra outros caras, por quê?", "Eu não faço isso, isso tem um nome, ciúme, paranoia!", "Não me acusa de ser ciumento e paranoico, você não me ama, você não me ama!", "Para com isso, Rodrigo, é claro que eu te amo", "Você não me ama, você não me dá segurança, você vai me abandonar! Vai me trocar por outro cara, vai me deixar sozinho, e eu não sou nada sem você,

Isadora, nada!", "Nossa Senhora, eu te amo, Rodrigo, mas como você é exagerado!", "Você faz pouco do meu sofrimento, eu te amo muito mais do que você me ama!".

— Isso passou longe de um conto. Me diga, quanto de verossimilhança tem esse texto com a sua vida?

— O que você quer que eu faça, que eu mude de profissão? Eu não vou fazer isso, Rodrigo, você está sendo ridículo.

— Anda, me diz, Isadora, eu preciso saber, quanto tem de autobiográfico na porra desse relato? E por que publicar isso num jornal? Por que se expor desse jeito, por que falar de relacionamentos anteriores, de sexo? Por que você tem essa necessidade? Eu tenho amigos que leem sua coluna, minha família lê sua coluna, como você acha que eu me sinto?

— Como você acha que *eu* me sinto? Isso é um desrespeito com meu trabalho, um desrespeito absurdo, sem sentido, não consigo nem explicar, essa ligação é um disparate, eu escrevo o que eu quiser. — Eu agora estava tão arrependida de termos voltado. Já havíamos terminado porque me impacientei com o ciúme dele, aceitei voltar com a promessa de uma relação mais leve, mas lá estávamos nós, brigando pelas mesmas coisas, reféns de quem éramos um com o outro.

— Isadora, não é sobre você, é sobre mim, sobre minha dor, eu...

— É claro que é sobre você, é tudo sobre você, eu publico um texto e tenho que me preocupar com os seus sentimentos!

— Isso é se relacionar! Isso é cuidar um do outro!

— Rodrigo, eu publico o que eu quiser, nada vai mudar esse fato, isso que você está fazendo comigo é violência psicológica, estou cada vez mais ciente de que este é um relacionamento abusivo.

— Relacionamento abusivo?!

— Você se incomoda com meu trabalho, não está preparado para namorar uma escritora famosa. — (Nessas horas, a fama inexistente subia à minha cabeça. Naquela época, minha coluna era publicada em um jornal de baixíssima circulação, mas *cool*, e eu recebia por ela um valor simbólico. "Não podemos pagar o que você merece, mas nosso veículo funcionará para você como uma vitrine", o editor tinha me dito na contratação. Rodrigo, os amigos e a família dele deviam constituir aproximadamente cinquenta por cento dos meus leitores. Mas eu precisava de liberdade, nem que passasse a escrever só para os cinquenta por cento restantes. Nem que passasse a escrever apenas para mim.)

— Me conta, de onde você tirou isso agora? Violência psicológica? Relacionamento abusivo?

— Me disseram e eu concordei, Rodrigo. Uma amiga fala que estou sendo abusada nesse namoro.

— Eu nunca ouvi isso a vida inteira! Fui casado por seis anos, trabalho como professor de uma escola Waldorf!

— O que isso tem a ver com qualquer coisa?

— Eu cuido das crianças, cuido das pessoas, a última coisa que você sabe fazer. Meus amigos já me falaram que estou com alguém que não faz ideia do que é cuidar!

— Isso é um absurdo, eu não trabalho numa escola Waldorf, mas sou mãe!

— Você tem paciência quando seu filho chora, mas eu não posso chorar por nada!

— Claro, você não tem quatro anos!

Devo ter levado as mãos ao rosto, esfregado os olhos. Certamente, senti taquicardia — cada vez mais, meu coração disparava naquelas brigas. "Você está num relacionamento turbulento, mas, com tantos episódios de taquicardia, talvez seja o caso de consultar um cardiologista", uma amiga me advertiu, certa vez.

Como ele fazia aquilo, me deixar nervosa daquele jeito? Além de ser mãe, eu era adepta da meditação tibetana. Não tinha o menor sentido me sentir tão acuada por mais um episódio de ciúme completamente infantil e desequilibrado. Por que eu estava namorando aquele cara? Por que não terminava tudo de uma vez? Já havia terminado com tantos homens!

— Aposto que você está pensando em terminar comigo, Isadora. Você é inacreditável. Eu quero construir um relacionamento de verdade, levei o Rafa e a Aline ontem pra escola, mas não posso trazer uma insegurança, uma insatisfação, que você não só me pede pra ficar quieto como pensa em terminar comigo. Desse jeito, como vou me sentir seguro nessa relação? Como vamos parar de brigar?

— Você está virando o jogo, Rodrigo. Você vira o jogo pra que eu fique com dó de você e me sinta culpada. Eu penso em terminar, como já terminei uma vez, mas, se penso isso, é por causa do seu ciúme maluco, doentio. E de repente o problema sou eu, que termino com as pessoas! Para de se fazer de vítima! Não é que você traz "uma" insatisfação, "uma" insegurança: qualquer coisa te deixa mal, qualquer coisinha te desestabiliza, e você precisa ficar remoendo aquilo por horas, e fala palavrão comigo, me ofende, e no dia seguinte acorda de cara fechada, e uma semana depois volta ao assunto do nada, quando já estamos bem! Essa sua ladainha não acaba nunca!

— Ladainha? É assim que você se refere ao meu sofrimento?

— Ai, ladainha, chatice, loucura, tanto faz!

— Sim, eu tenho minhas loucuras, Isadora, e você também tem as suas! Se relacionar é amar a loucura do outro, e não xingá-lo de louco quando ele está louco! Tô puto, tô chorando, você não me acolhe quando tô inseguro, você não me escut...

— Eu não consigo acolher esse ciúme insano, é você que precisa achar essa paz dentro de você. Não dá pra você ficar levando tão a sério cada gesto meu e cada questão sua, Rodrigo, não aguento mais parar o que estou fazendo pra ver qual é a sua insatisfação da vez! Eu cuido de você se você se cuidar!

— Você não me ouve, você não me ouve!

— Eu não te ouço ou não te obedeço?

— Obedecer? Isso não tem nada a ver! O ponto é que você nem se importa comigo! Você só pensa em você mesma, você não me ama de verdade, você não me ama!

Um breve silêncio. Geralmente, quando ele começava a gritar e a chorar, eu me distraía por alguns instantes com o seguinte pensamento: como esse homem cuida de crianças pequenas? Como confiar nesse sujeito histérico manuseando uma tesoura com seu filho?

— Olha, Rodrigo, não era um texto essencialmente autobiográfico, se é isso que você está perguntando. Quer dizer, no limite, todo texto é autobiográfico, não é tão simples definir o que é autobiográfico e o que é ficção. São como dois líquidos que se misturam de modo homogêneo, você vai criando e nem sempre se dando conta do que vem de onde...

— Isadora, é autobiográfico ou não é?

— Tá bom, não é, mas e daí, mesmo que fosse! Outros textos meus foram bastante autobiográficos, outros serão! Isso não é da sua conta, eu escrevo o que eu quiser, eu preciso de...

— É isso que você tem a me dizer quando tô aqui chorando?

— Não me interrompe! É o cúmulo, você reclama que eu não te ouço, mas você também não me ouve!

— Tem algum espaço para as minhas inseguranças neste relacionamento? É possível ter meu ciúme acolhido? Ou tudo o que você tem pra me falar é que meu ciúme é besta, que é coisa da minha cabeça?

— Mas é da sua cabeça! Não estamos falando de uma infidelidade minha, jamais fui infiel a você. Estamos falando de um conto!

— Chega, Isadora, eu te peço desculpas, estou atrapalhando sua vida com minhas inseguranças sem sentido, me desculpe...

— Tá certo, desculpo, mas tenta melhorar, pô...

— Isadora, eu estava ironizando! Você tem merda na cabeça, não é possível!

— Você falou isso mesmo? Que eu tenho merda na cabeça?

— Vou da escola pra minha casa, não me espera hoje!

— Mas a gente ia ao cinema! Aproveitar que estou sem os dois, e o parque? Eu falei pro Rafinha que a gente ia levá-lo ao parque amanhã!

— Não estou uma boa companhia, desculpe.

— Não acredito, como você é imaturo, Rodrigo!

— Obrigado por mais esse acolhimento. Ah: dessa vez, eu não vou atrás de você, Isadora. Sempre sou eu que te procuro depois das nossas brigas. Vou esperar que você me procure. Tchau.

Fiquei de pé, o telefone na mão, o cigarro queimando, o cheiro ainda não percebido de queimado, o eco do vazio ainda ressoando nos meus ouvidos. Mais uma vez, eu saía de uma discussão lamentando a ausência de testemunhas. Tinha vontade de gravar aqueles diálogos para mostrar aos meus amigos como eu estava certa e ele errado, como se as amizades servissem para isso, para nos inflar até que acreditássemos no nosso tamanho. Era sempre assim: desligávamos com raiva um do outro, ficávamos sozinhos, talvez mais sozinhos do que nunca, no dia seguinte ele me procurava e, então, eu falava que ele precisava se sentir mais seguro, talvez procurar ajuda, que aquele ciúme e aquela insegurança não eram *normais*, e ele dizia que, se quiséssemos ficar juntos, não podíamos apontar as anormalidades um do outro, mas sim buscar o entendimento. Ele era todo sensatez nessas horas. Eu ouvia aquela cartilha de como deveríamos agir e pensava: esse é o mesmo homem que ontem estava suando nas têmporas enquanto me mandava tomar no cu? Por fim, ele reafirmava que queria que ficássemos juntos, que não queria que aquela relação terminasse *nunca*, e eu cedia. Ele sempre frisava como nosso amanhã seria lindo, como faria de tudo para que nós dois "déssemos certo"; falava de nossa futura casa, nossos futuros filhos e nossa futura tranquilidade como um cristão fala de uma terra prometida. Aquela solidez de intenções, aquela segurança da eternidade me acalmavam. Então eu me agarrava à pouca fé que me restava naqueles momentos e acreditava. Nos dias seguintes, minha fé crescia, sorríamos, fazíamos planos, eu fazia suco e assava pão de queijo enquanto ele jogava um jogo de tabuleiro com o Rafinha e a Aline ficava esparramada no sofá lendo mangás — até que surgia, geralmente sem aviso-prévio, o novo conflito, a nova explosão.

— É muito difícil para mim — ele havia dito quando fizemos as pazes na briga depois da festa, a festa em que supostamente devorei homens inocentes com meus olhos famintos. — A gente parte de um incômodo meu, você não me acolhe, isso piora meus incômodos, ficamos longe um do outro, você pensa em terminar tudo (não diga que não pensa, eu sei que você pensa), eu me desespero pensando que você está pensando em terminar tudo e então vou atrás de você, e você está arrasada dizendo que tudo é muito cansativo para você, que você não aguenta mais. Nós brigamos essa mesma briga há nove meses.

— Claro, você tem seus ciúmes absurdos há nove meses. E as discussões não só se repetem como não são encerradas nunca! Outro dia você veio falar que ainda estava triste por conta de um ciúme que sentiu no terceiro mês de namoro, uma coisa qualquer que eu falei numa festa, uma bobagem! Já tínhamos passado três dias brigados por conta do negócio, aí, meses depois, para a minha total surpresa, você aparece triste de novo por conta do negócio!

— Você precisa pensar na sua parcela de responsabilidade sobre os meus desconfortos, Isadora. É isso que as pessoas fazem em uma relação, cuidam uma da outra. Não é possível que eu sempre seja o errado.

— Não consigo pensar na minha parcela de responsabilidade quando estou comendo sossegada em um restaurante, olhando o meu prato, e você inventa que estou olhando para outros caras. Você não fez isso apenas nessa festa, foram muitas outras vezes.

— Eu não invento. Sofro muito com isso. Na hora em que te digo isso, que você está olhando para outros caras, não estou achando, estou tendo certeza que você está olhando para outros caras, entende?

— Só que eu *não* estou olhando para outros caras, então não tenho a mínima paciência com esse seu delírio.

— Delírio! Caramba, Isadora, o ciúme sempre envolve delírios, paranoias, é assim que a coisa funciona, e nessa hora você me diz que tá tudo bem, em vez de ficar me fazendo me sentir um idiota por estar me sentindo assim...

— Mas, amor, nessas horas eu te acho um idiota.

— E o que a gente faz, então? Você quer namorar um cara que você acha idiota?

— Eu não te acho idiota, eu te acho incrível, eu te acho idiota *nessas horas*. E outra: várias vezes, quando você fica nervoso, eu falo pra você que te amo e que está tudo bem. Eu me canso é lá pelo quinto ou sexto "está tudo bem".

— Eu estou tentando mudar, Isadora, não é como se eu desse um "foda-se", comecei a fazer análise, você sabe, mas, porra, eu morro de medo de te perder, o que custa você me passar um pouco mais de segurança...

— Agora que a briga já passou, que seu surto já acabou, eu acho quase bonitinho você falando isso, mas na hora, Rodrigo, com você gritando, falando que eu tenho merda na cabeça e sendo maluco me acusando de olhar pra caras que eu não estou olhando...

— Para de me chamar de maluco?

— Para de ser maluco? Rodrigo, vamos aos fatos: em nove meses, você já me perguntou se eu estava a fim de um amigo seu, já abriu a gaveta do meu criado-mudo perguntando por que tinha menos camisinha lá do que na semana anterior, sendo que obviamente não tinha, uma vez você...

— Não precisa ficar me lembrando, essas foram brigas antigas, a gente já resolveu...

— Aí é que está, a gente não resolveu, a gente fica enxugando gelo, a cada momento o motivo muda, mas as brigas se repetem, você chegou ao cúmulo de me perguntar se quando, no meio do sexo, eu digo que você tem o pau gostoso, eu estou falando especificamente do seu pau ou estou me referindo a "um pau gostoso genérico", que poderia ser o seu ou o de algum ex meu, você vê que loucura, isso...

— Meu Deus, lá vem você me chamar de louco outra vez, você é muito acusativa, Isadora!

— Acusativa, eu? Pelo menos não fico olhando o criado-mudo da sua casa e contando o número de camisinhas!

Logo depois que reatamos, após um rompimento que durou apenas três dias, decidimos que atuaríamos em duas "pontas", que era como nos referíamos ao quinhão de cada um para as explosões. Da parte dele, ele procuraria não ser grosseiro ou passional demais nos episódios de ciúme; de minha parte, eu buscaria acolhê-lo nesses momentos. Eram tentativas para diminuir a frequência, a intensidade e o desgaste das discussões.

— Por que você não termina esse namoro? Por que tanto sacrifício, querida? — uma amiga que não aguentava mais minhas mensagens na fase do pós-guerra perguntava.

— Porque eu gosto dele.

— Você vai gostar de outros caras, você sabe disso. Não entendo por que contemporizar tanto, por que justificar os rompantes dele. Você não tinha nenhum motivo forte para terminar seu casamento, e mesmo assim terminou. Agora você tem todos os motivos pra terminar e não termina.

Eu também não entendia muito bem. Eu só sabia que, mesmo que o casamento com o pai da minha filha fosse "perfeito", minha vontade era ir embora. E mesmo aquele namoro sendo tão imperfeito, minha vontade era ficar. Às vezes, me era difícil aceitar isto: que eu queria ficar. Por que eu queria tanto ficar? Por que meu desejo estava ali, com o coração de Rodrigo, apesar de tudo? No fundo, eu tinha minhas suspeitas. "Porque eu gosto dele": minha amiga estava certa, não era apenas essa a razão. O amor não costuma ser o único motivo que nos faz querer ficar. Temos nossas crenças. Nossas neuroses, hábitos e tradições. E, claro, nossos maiores temores.

Sempre fui do tipo que ri daquelas uniões entediantes em que os dois ficam juntos mais por pavor do que por amor: pavor da solidão, do desconhecido, de tentar ser quem se é. Onde muitos viam comprometimento, eu via comodismo, e não à toa a grande maioria das minhas relações foi para o espaço por iniciativa minha — "chega", "somos muito diferentes", "eu não aguento mais" estavam entre as frases que eu costumava dizer antes de encerrar aquela história e começar outra, antes de mudar o rosto daquele a quem eu chamava de "meu amor". Meus amigos, pelo menos a maior parte deles, agiam da mesma forma. Em nossa defesa, não vivíamos em um tempo passado ou uma cultura ultrapassada onde se casa por obrigação e se separa à custa de muito constrangimento; eu me lembro do conselho de uma grande amiga às vésperas do meu primeiro matrimônio: "Pense muito antes de escolher seu marido, você só vai ter uns quatro ou cinco ao longo da vida". Mais tarde, descobri que ela estava parafraseando uma atriz de cinema, mas isso não me impediu de encontrar uma leveza realista e graciosa naquele conselho — era assim que a coisa funcionava, afinal de contas, então por que eu seria hipócrita?

Na minha família, porém, era tudo bem diferente. Minha mãe e suas quatro irmãs, assim como minha avó, ficaram casadas até o fim da vida. O marido de cada uma delas parecia ter saído da mesma forma: pagava as contas da casa, jogava cartas, pescava ou se dedicava a qualquer outro hobby apaixonadamente, bebia, falava que ia e depois não aparecia, era carinhoso num dia, estúpido no dia seguinte, traía a esposa repetidamente. Meu pai adorava pegar minha mãe no colo e dizer que ela era uma santa, e como os olhos dela brilhavam quando ele dizia isso. Assim como suas irmãs e minha avó, ela revestia seus olhos com uma pretensa leveza. Minha mãe era do tipo que ria com qualquer coisa, e me lembro inclusive de suas risadas na noite em que atendeu o telefonema de uma mulher que gritava por meu pai e ameaçava matá-la. Ainda criança, eu sabia que minha mãe queria chorar, mas ela ria, e eu assistia àquela cena a um só tempo sem entender e horrorizada. "É cada uma!", ela disse, botando o telefone no gancho e voltando para a área de serviço. Na cozinha da casa da minha avó paterna, jamais se falava sobre o assassinato da minha tia Ângela, que apanhou do meu tio por anos e anos, tendo sido inclusive queimada por ele com um daqueles ferros de passar à brasa, e que, num domingo à tarde, apanhou dele pela última vez. Naquela cozinha, eu ouvia minha mãe falando mal dos vizinhos e conversando sobre amenidades e assuntos domésticos com as irmãs do meu pai, aquelas mulheres que viviam dizendo que homem era assim mesmo, enquanto os maridos bebiam, fumavam, viam futebol e gargalhavam na sala; todas aquelas mulheres tão corajosas e tão conformadas, que passaram por tantos partos e agora fritavam petiscos enquanto minha revolta não nomeada se alastrava por meu interior franzino. Minha mãe permaneceu casada com meu pai até a morte dele, ela e seus olhos tristes e de algum modo alegres por serem tristes, olhos que só se autorizaram a chorar no velório.

— • —

Passei algum tempo no sofá, não liguei para o proprietário do apartamento e combinei de jantar com Letícia, a amiga que não entendia por que eu não terminava com Rodrigo. Outros amigos estavam fazendo outras coisas, e eu poderia me juntar a algum deles, mas preferi ver Letícia, preferi ver a reafirmação de toda a raiva que eu sentia de Rodrigo naquele momento. Queria que sua boca servisse como eco para minhas insatisfações; assim, quem sabe, eu finalmente terminaria aquela relação de vez. Fui caminhando e pensando: nos meus relacionamentos anteriores, eu não precisava de ecos para criar coragem. Letícia tinha razão, eu simplesmente terminava. "Você é besta pra se separar desse homem tão bom e que ainda por cima tem dinheiro?", minha avó materna tinha perguntado quando rompi com meu primeiro marido; "Sou", respondi, e na sequência fui ao cinema, eu não estava nem aí. Ou o relacionamento seguia a minha lógica, ou não tinha conversa. Isso até me divorciar de Lucas, quando as coisas começaram a ficar mais claras para mim e, ao mesmo tempo, mais complicadas.

Eu já havia me separado de Lucas uma vez, impensadamente, quando deixei Aline com ele e fui viver com o homem por quem havia me apaixonado — um sujeito que, se não fosse por Rafinha, eu jamais teria voltado a ver. Fiquei grávida dois meses depois, pedi a Lucas que me aceitasse de volta quando Rafinha estava com seis meses e eu já tinha sido traída pelo pai dele inúmeras vezes, e enganada e desrespeitada muitas vezes mais. Aquele homem se achava sempre certo, jamais se questionava, tudo era culpa dos outros, seu ego era como o do meu pai e dos meus tios: jamais trincava. E ele tinha um prazer sádico de minar minha autoestima, me criticava por qualquer coisinha; às vezes, sorrindo, dizia coisas como "você está engordando" e "olha essa ruguinha nova, que bonitinha". Por que eu havia me envolvido com aquele idiota? Eu não entendia. Ele era tão idiota que nunca consegui sentir algo realmente profundo por ele — quando a paixão passou, só ficaram uma sensação de "ei, o que estou fazendo aqui?" e muita, muita raiva. De qualquer modo, quando me separei para valer de Lucas, cresceu em mim uma vontade de reaprender as coisas, uma necessidade de ser alguém diferente de quem eu tinha sido com meus namorados e maridos, uma forte curiosidade de conviver com os homens de um jeito novo, irreconhecível aos meus olhos. Eu estava cansada de algo que não sabia bem dizer o que era, e não sabia direito o que em mim descartar e por qual trilha seguir; eu me sentia tão dividida, como se a água de uma nascente e uma poça da chuva do dia anterior estivessem disputando espaço na minha alma. Conheci Rodrigo durante esse processo. Certa vez, quando voltamos a nos falar depois de uma de nossas primeiras brigas, eu disse que o amava, mas que precisava saber se ele estava comprometido a diminuir seus acessos de ciúme. Perguntei: "Você tem disposição para tratar isso? Porque só fazer análise não adianta. É preciso olhar *de verdade* para suas questões". Ele pegou minhas mãos e pensei que fosse responder: "Claro que vou, meu amor, eu faço de tudo para ficarmos bem", como Lucas teria dito, mas, em vez disso, o que Rodrigo disse foi algo como: "É claro que estou comprometido, mas não posso estipular 'metas' ou mesmo um prazo, Isadora. Talvez eu leve anos para melhorar, não posso garantir algo como 'Você terá um homem novo em cinco semanas'. Você está comigo ou não?". Eu corei. Não fazia muito tempo que eu tinha escrito uma reportagem com um título parecido, "Melhore seu homem em poucas semanas", algo assim. Então pedi desculpas, disse que teria paciência e respeito com seu processo. Eu queria me sentir livre, mas não sabia bem distinguir o que era liberdade e o que era egoísmo. Acho que me envolvi com o pai do Rafinha porque já sentia um chamado interno para abrir mão das minhas armaduras, tão importantes para mim como cansativas, mas eu ainda não sabia o que colocar no lugar delas. Autoritário, machista, ególatra, aquele sujeito era um exemplar da espécie masculina de que eu havia fugido a vida inteira, eu que sempre me refugiei no colo de homens temerosos e bons, homens inofensivos, que não me atraíam, mas que, eu sabia, não me machucariam. Eu sabia que eles não me abandonariam, mas eu podia abandoná-los a qualquer momento — e era isso que eu fazia. De repente eu estava lá, estranhamente atraída por aquele sujeito vazio e bruto, como que desesperada para acertar as contas com meu passado e desesperada por não ter ideia de como fazer isso. Com Rodrigo, eu estava mais equilibrada internamente, e mais preparada para tentar calibrar as coisas, ainda que sem saber que o fazia e reordenando minha gramática interna. Eu estava cansada do ciúme dele, mas também do meu individualismo, dos meus pavores e da minha pressa para desistir.

Naquela época, além de ter minha coluna no jornal, eu trabalhava como editora de comportamento em um site desses de variedades, e as nossas matérias sobre relacionamento eram sempre meio parecidas: "Você já tentou de tudo e o sexo não funciona mais? A vida é curta para não se sentir desejado", "Você está a fim de outra pessoa? Talvez não esteja mais a fim de quem está ao seu lado", "O parceiro ou a parceira bisbilhotou seu celular? Não tolere essa falta de respeito, termine", "Ele ou ela te traiu? Termine", "Vocês não têm mais assunto na mesa do restaurante? Termine". Meu trabalho reforçava o coro da história dos meus amigos, todos divorciados ou solteiros, e reforçava a necessidade de me libertar da história das mulheres da minha família; ali, caminhando até o supermercado, me dei conta, mais uma vez, de que estava faminta para revisitar tudo isso, para me revisitar. Eu queria encarar os conflitos e as diferenças de um modo inédito na minha história. O que eu queria, na verdade, era sentir que aquele relacionamento com Rodrigo era de fato novo, único, e não mais uma repetição.

— Termina — Letícia disse, pouco depois de nos encontrarmos na seção das plantas, logo na entrada do mercado. — Termina sem dó, igual você terminou com o idiota do pai do Rafinha.

— O Rodrigo não é tão idiota quanto aquele lá.

— É diferente, querida. É como se aquele lá fosse um lobo selvagem, e Rodrigo, um cachorrinho irritante, mas perigoso, desses que desfiguram o rosto do dono quando ele tá dormindo sob o efeito de calmantes. Para de pensar tanto e termina.

O plano era comprarmos os ingredientes, o vinho e irmos para a casa dela. Eu mal tinha começado a narrar a briga, e, de repente, todo o oceano em que estive mergulhada durante o percurso da minha casa até ali me pareceu uma simples e inofensiva gota, no máximo a beirada úmida de uma camiseta depois de chegar perto demais da pia. Ao mesmo tempo, me senti protegida por aquela palavra, "termina"; era o que eu queria ouvir naquela noite, não era? Para me sentir acolhida pela familiaridade dos meus desejos mais imediatistas? Era como se aquele imperativo perdesse sua intensidade autoritária e ganhasse contornos serenos ao adentrar a redoma da amizade e confortar meus cacoetes, minhas falhas, minhas resistências.

— Ele me falou que eu tenho merda na cabeça, acredita?

— Caramba. Não entendo. Por que você continua com um homem que fala assim com você?

— Não sei, vai ver ele está certo, né, vai ver eu tenho mesmo merda na cabeça.

Rindo, empurramos o carrinho. Entre as plantas e o freezer, lembro que dois homens olharam Letícia da cabeça aos pés; seus cabelos longos, o corpo curvilíneo e o olhar maquiado chamavam atenção mesmo quando ela estava daquele jeito, o cabelo despenteado, o corpo enfiado em uma calça larga e uma camiseta amarrotada. Sua maquiagem era do dia anterior.

— Fomos idiotas por ter terminado nossos casamentos, essa é que é a verdade — ela falou, pegando duas bandejas de frango. — Você gosta de yakissoba, né, querida? Cara, não sei o que seria da minha alimentação sem macarrão e frango, macarrão instantâneo em dia comum, macarrão com frango e shoyu em dia especial. Aliás, entrei no cheque especial, você pode pagar a conta, te pago depois?

— Também tô no cheque especial... Mas foda-se, vamos comprar o que a gente quiser e também levar uma garrafa daquele vinho verde que a gente gosta. Ah, aqueles dois gostavam da gente, né, eles faziam tudo o que a gente queria, o casamento era todo sobre nós. E, mesmo assim, a gente terminou com eles. Agora a gente tá aqui, se ferrando, bem feito.

— Pode crer. A gente acreditou em ser feliz no amor, em ir atrás da felicidade, essa bobagem toda. E a minha vida nunca foi fácil, você sabe, né, minha avó era prostituta, meu pai era um louco, minha mãe trabalhava como manicure e eu comecei a trabalhar aos catorze anos, fui expulsa de casa quando o meu padrasto me pegou beijando uma garota, meu! Mesmo assim, acreditei em todas essas merdas sobre felicidade! Agora eu tô transando com uma mulher mais perdida e/ou escrota e/ou doida que a outra. E você com esse cara tão inseguro e possessivo que mal te dá três dias de paz... Não entendo, Isadora, respeito sua decisão de continuar com ele, mas não entendo.

— Vou ter uma boa conversa com ele. Eu...

— Vocês já conversaram mil vezes. Eu e você, a gente tá precisando é de silêncio.

Lucas e Adriana, nossos ex, eram parecidos no amor contínuo, sem rachaduras e sem sobressaltos que sentiam por suas esposas, e também pelo temperamento tranquilo, naturalmente satisfeito com a existência. Queriam as mesmas coisas: estabilidade no trabalho, uma casa confortável, almoços de família aos domingos, dias sem sustos ao lado da pessoa que haviam escolhido para sua vida. Desconfortos sem nome passavam com uma boa noite de sono; um dia tenso no trabalho se curava com cerveja e churrasco. Enquanto eles riam e bebiam mais vinho à mesa do jantar, eu e Letícia cruzávamos nossos olhares tensos, compartilhando em silêncio nossas crescentes inquietações enevoadas, sem relação direta com o que acontecia à nossa frente; nosso desassossego perene. As duas moravam em um adorável sobrado na Casa Verde — "Tem uma escola boa a três quadras, vai ser superprático daqui a alguns anos", Adriana tinha dito quando anotavam os prós e contras de cada imóvel visitado. "Uma parte de mim sorriu tanto que quase chorou, e a outra só chorou", Letícia disse quando me contou isso, na cozinha, Adriana e Lucas rindo com simplicidade na sala — era um talento dos dois, rir com simplicidade, assim como conviver fora de casa com pessoas desejáveis sem desejá-las, saber de outras vidas sem ter vontade de substituir a própria vida. "Esse alguém em mim que chorou, Isadora, é alguém que, não importa o que aconteça, sempre quer sair correndo." Olhei Letícia e me reconheci em sua aflição: cada vez mais, nos dávamos conta de quem éramos, e suspeitávamos que aqueles dois fossem bons demais para nós.

Terminamos os casamentos sem contar para a outra que faríamos isso, simplesmente porque não planejamos terminar: nossa ideia era nos adequar, era isso que queríamos, nos adequar não a cônjuges ruins ou a vidas mais ou menos, mas a vidas ótimas, ou pelo menos vidas que nos soavam ótimas, ou algo parecido com isso: eram vidas que nos soavam certas, com suas churrasqueiras, camas feitas e olhares amorosos, caramba, por que não conseguíamos?

Como exigíamos de nós mesmas enquanto emagrecíamos, frustradas por fazer sofrer pessoas que nos amavam e que cuidavam de nós como nenhuma outra tinha feito; pessoas que toleravam nosso caos interno, nossas reações intempestivas, nossos casos extraconjugais, nosso desdém pelas necessidades delas. Estávamos sempre concentradas nas nossas dores, eu e Letícia sempre fomos assim, muito concentradas nas nossas dores. Os corações sempre doloridos são capazes de amar? Eles chegavam do trabalho e abriam mão da paz que tanto queriam, da paz de esquentar o jantar e ver alguma coisa na televisão, para nos abraçar, enxugar nossas lágrimas, nos preparar um chá, perguntar como estávamos, nós que estávamos sempre lambendo as feridas da nossa infância difícil, sempre às voltas com nossos machucados recentes, sempre com medo e com raiva de nós e dos outros, sempre com muita sede de falar de nós mesmas, com dificuldade de ouvi-los e enxergá-los, quanto mais de cuidar deles. Sempre atormentadas por habitar muito desconfortavelmente nosso corpo e equilibrando com dificuldade o peso da nossa cabeça. Sempre apavoradas com o amor que não sabíamos receber e com nossa resistência a amar. Nossas casas eram bonitas e confortáveis porque Lucas e Adriana estavam a toda hora usando a vassoura e o pano, tirando o lixo ou pedindo que o fizéssemos, eles pediam uma, duas, três vezes, até que iam lá eles mesmos e tiravam; às vezes eles reclamavam do nosso jeito de ser, mas só às vezes, e nessas vezes fazíamos o que eles queriam, mas com tanto peso, com tanta má vontade, que eles se sentiam culpados. Lucas e Adriana providenciavam os reparos das peças quebradas, abasteciam o carro, anotavam num bloco quando o sabão estava para acabar. Quando nos separamos, Letícia e eu enfrentamos nossas geladeiras vazias, apesar de haver dinheiro nas nossas bolsas; nos emaranhamos em um labirinto de cômodos bagunçados, pó acumulado nos cantos, atrasos constantes nas nossas contas. Eu agora me atrapalhava com os impostos, descobria que o lixo da cozinha ficava cheio de moscas se não fosse trocado, que ter filho dava trabalho, que viver no mundo dava trabalho. Duas vezes, deixei o carro morrer no meio da rua por falta de combustível.

Quando Aline era bebê, era Lucas que acordava de madrugada para administrar os medicamentos e fazer nebulização durante as crises de bronquite dela; foi ele quem fez uma tabela colorida e pregou na geladeira para marcar uma estrelinha nos dias em que ela não fazia xixi na cama, na época do desfralde; era ele que fazia questão de cortar suas finíssimas unhas, não confiando a tarefa a mais ninguém; que contava longas histórias e cantava para ela dormir enquanto eu permanecia na sala lendo um livro, descansando de um dia difícil como todos os outros, tentando me distrair ou então secando minhas lágrimas, escrevendo, falando com alguém ao telefone; era Lucas quem percebia que os casaquinhos da nossa filha estavam ficando curtos, que se lembrava de comprar chupetas novas porque as antigas estavam gastas; eu vivia dizendo "hoje não posso", enquanto Lucas faltava a reuniões e levava trabalho para casa para ir com Aline ao pediatra, ao dentista, ao oftalmologista que ele insistiu para marcarmos — "Ela me contou que a cabeça está doendo na escola". No clube, Lucas deixava de acompanhar os amigos para fazer as inúmeras brincadeiras solicitadas por Aline na piscina; ele sempre ali, disposto, presente, inteiro, enquanto, deitada na espreguiçadeira com uma revista, eu sonhava com outros homens e outros lugares. Uma semana depois de eu voltar para casa com o Rafinha, encontrei Lucas na sala brincando de jogar meu filho para cima e o enchendo de beijinhos quando ele voltava para os seus braços; na primeira febre alta de Rafinha, foi Lucas quem se levantou no meio da noite para conferir se a temperatura não tinha voltado a subir — eu o escutei entrando no quarto das crianças e voltei a dormir.

No cruzeiro que fizemos na lua de mel, quando Lucas caminhava em minha direção com dois mojitos, lembro com nitidez os olhos dele: tão inocentes, tão em harmonia com o que se espera de uma lua de mel, de dois mojitos, da tal "noite cubana" que o capitão promovia. De manhã, lendo o informativo do navio, eu tinha achado aquilo tão cafona, e Lucas sorria na cama, dizendo que seria divertido — ele não apresentava nenhuma euforia ou resistência, apenas achava que seria isso, divertido, ele e seu sorriso simples, eu e meu sorriso entrecortado, as noites cafonas com seu poder de me esvaziar o gosto pela vida, as conversas sem graça com desconhecidos ao som de música cubana e seu poder de me entristecer, eu e meu poder de desabar. À noite, na cabine, depois de transarmos, eu fazia cafuné nele até que ele pegasse no sono, pelo menos isso, eu fazia cafuné nele, que bom. Então ele dormia e eu ficava acordada, ocupada demais lamentando o mundo e idealizando a mim mesma, ocupada demais me perguntando por que eu tinha tudo e não era feliz.

Acontece que eu não tinha tudo. Foi preciso passar um ano da separação, um ano longe daquele homem bom, para perceber que ele não era bom para mim. Tanto ele como Adriana podiam ser maravilhosos, mas eram terríveis para mim e Letícia, porque todos os dias nos frustrávamos por não ser como eles. Nós nos cobrávamos e nos sentíamos pequenas. Levei tempo para entender que as pessoas e situações não são boas em si mesmas, é como se elas fossem neutras — eu não desejo alguma coisa porque ela é boa, mas ela é boa porque eu a desejo, é mais ou menos isso que quero dizer. E eu não desejava Lucas. Eu o enxergava como certo e eu como errada, e isso era tão cansativo que eu nem conseguia parar de gastar minha energia com isso e olhar para outro lado, para um lado simples como o sorriso de Lucas: aquele homem poderia ser o que fosse, a vida ao seu lado poderia ser o que fosse, mas eu não queria estar lá. Letícia também não queria estar lá. Por que não queríamos estar lá? Queríamos nos boicotar? Desejávamos sofrer? Pode ser isso, é claro que pode ser isso, para alguém que queira simplificar as coisas. Um ano depois do divórcio, pouco antes de conhecer Rodrigo, eu não estava mais preocupada em entender e, principalmente, não estava mais preocupada em convencer a mim mesma a ficar em algum lugar apenas porque aquilo me parecia o certo. Se era tão certo, por que eu acordava cada vez mais com vontade de gritar? Se era tão certo, por que eu tinha tanta necessidade de fantasiar durante todo o meu casamento não só com outros homens, mas com outras vidas, por que eu caminhava pelas ruas anotando os números das casas com placa de "aluga-se", por que eu sentia que estava vivendo num lar que não me pertencia? Eu não queria mais me forçar a caber numa existência alienada, apartada de mim; eu queria andar num caminho que fosse meu, ainda que fosse difícil, ainda que fosse doloroso, ainda que eu não fosse apenas amparada, mas tivesse que amparar. "Eu estava confusa, me desculpe, tudo é tão difícil pra mim, eu me odeio, eu me odeio", Letícia tinha dito a Adriana quando, logo no início do casamento, foi pega aos beijos com uma ex, Adriana voltando do trabalho mais cedo. Naquela ocasião, Adriana ficou triste, talvez até muito triste, mas o inconformismo de Letícia em relação à própria traição era tão grande, Letícia chorando, gritando, ameaçando sair de casa e se jogar na linha de trem, que Adriana imediatamente estancou a própria dor para cuidar da dela. Era assim que eles eram. Cuidavam de nós, as crianças caprichosas, eles, os adultos com a cabeça no lugar. Nós demandávamos, exagerávamos, estragávamos tudo, eles contemporizavam. Como eram bons nisso, contemporizar. "Isadora é assim, meio louca", Lucas dizia, rindo, à família, quando eu falava que estava indo e, cinco minutos antes de sair, mudava de ideia e não ia. Às vezes, ficavam nervosos conosco ou apenas cansados, mas acho que nunca chegariam a desistir. Eram bons nisso também, nos passar uma segurança indestrutível. Ficavam chateados, mas então tomavam um banho e deixavam pra lá.

Tudo o que eu sabia sobre a ex-mulher de Rodrigo é que, embora ela trabalhasse, ele pagava todas as contas da casa. Naquele relacionamento, ele não precisava contemporizar nada: recebia toda a segurança que buscava, embora nunca tivesse amado aquela mulher com profundidade. Encantado com a paixão que sentia por mim, ele mesmo me contou isso quando começamos a nos relacionar. "Hoje, vejo como é cômoda uma relação desse tipo, em que uma das partes sempre cede", ele comentou, na ocasião, e eu sabia do que ele estava falando. Naquele dia, eu o achei tão lúcido. Tão disposto a fazer diferente, assim como eu. Tão preparado para uma relação de igual para igual, entre duas pessoas livres.

Mas, pouco a pouco, aquela calma foi desaparecendo. Entre nós, cada um pagava o que consumia, e eu não jogava meu peso de existir para cima de Rodrigo, mas ele não contemporizava nada do que eu fazia e do que acontecia entre nós. Cada incoerência minha, cada atitude mal explicada era escarafunchada em longas discussões. Ele botava o dedo nas minhas feridas o tempo todo, e eu sangrava. Certa vez, estávamos em um restaurante quando um ex-namorado, logo um dos mais bonitos, foi à nossa mesa me cumprimentar. Não apresentei Rodrigo: conversei com aquele antigo namorado tocando no seu ombro, sorrindo, sorrindo mais uma vez. Sentado, Rodrigo o cumprimentou, o rosto vermelho, o suor começando a escorrer das têmporas, e fiquei assustada. Lucas teria continuado sentado, talvez ficasse um pouco mais sério quando voltássemos a jantar, talvez até mesmo reclamasse, mas, em poucos minutos, voltaria ao normal: aquilo não era importante. "Então eu preciso tratar você como uma louca? Como irresponsável? É isso que você quer, ser tratada assim, como alguém que faz o que quer, que não pensa nos próprios atos?", Rodrigo me confrontou ainda no restaurante, depois de perguntar por que eu havia flertado com um ex-namorado na frente dele e de eu responder, primeiro, que não havia feito isso e, depois, a verdade: que eu não queria nada com aquele ex, mas não conseguira evitar, tinha sido automático. Na minha cabeça, era um flerte inocente, algo que eu tinha feito a minha vida inteira, nada que fosse digno de nota. Falei isso brevemente, mencionei que eu não tinha sido, digamos, uma esposa "legal" em muitos sentidos, mas que eu não era mais assim. Não adiantou. Antes daquela noite, Rodrigo já se mostrava cada vez mais inseguro e ciumento, pedindo que eu jogasse fora os livros assinados pelo meu segundo ex-marido, que era escritor, ou desconfiando mais uma vez do número de preservativos que estavam na minha gaveta — "Algum homem vem aqui além de mim? Tem certeza que não?". Depois do episódio no restaurante, então, ele ficou mais desconfiado do que nunca, certo de que eu flertava com todos os homens que cruzavam nosso caminho. Não adiantava falar que eu nem saberia dizer a cor da camisa dos homens que ele me acusava de estar olhando. "Você está a fim do meu colega?", ele me perguntava agora, num canto, em um aniversário em que eu estava rindo e contando um caso qualquer sobre o último Natal com minha família, sem nem reparar se o colega dele tinha mesmo um nariz, uma boca e dois olhos; "Você estava olhando para aquele cara que passou agora?", eu ouvia no bar, e eu nem sabia de quem ele estava falando. "Você gostava mais de fazer sexo com algum ex do que comigo?", "Sabia que eu não consegui dormir ontem porque fiquei chorando enquanto pensava em você com seus ex?", "Você pode apagar das suas redes sociais todo mundo com quem você já ficou?", "Não acredito que você continua seguindo caras com quem já ficou, você não se importa com meus sentimentos, você não sabe o que é cuidar de alguém, sabia que meus amigos já falaram comigo que você é egoísta, que não sabe cuidar do outro?". Se, no começo do namoro, cheguei a me sentir envaidecida com os primeiros episódios de desconfiança, agora eu só queria ter paz, ter paz e compreender o que se passava. Eu me sentia zonza, cada vez mais incapaz de organizar meu raciocínio. "Fui idiota aquele dia no restaurante, jogando charme para meu ex-namorado", eu disse, "Fiz isso inconscientemente, mas fiz, e peço desculpas. Mas nunca traí você nem vou trair, Rodrigo! Meu ex-marido daria tudo para ouvir isso de mim quando estávamos casados, eu nunca tive com ele nem com nenhum outro homem o comprometimento que tenho nesta relação. Fico aqui repetindo isso para você, repetindo, mas nada que eu diga é suficiente. Tenho minhas falhas, Rodrigo, e tenho meu passado, mas eu te amo!", "Eu tenho pesadelos com você me traindo! Fico achando que você vai me abandonar!", ele repetia. "Preciso que você me dê segurança, Isadora, mas você nem se importa comigo!", "Como você pode dizer uma coisa dessa, Rodrigo, eu te amo tanto... Nunca amei ninguém assim", "Eu sofro demais, Isadora, minha vida vai perder o sentido se a gente terminar, sou doido por você, você não faz ideia"... "Nessas horas, Rodrigo, sinceramente, eu me pergunto se você é mesmo doido por mim ou se é só doido mesmo."

Compras feitas, eu e Letícia caminhamos até o apartamento dela nos perguntando como pudemos acreditar que seria fácil encontrar outro Lucas e outra Adriana, e então nos perguntamos por que quereríamos outro Lucas e outra Adriana se, afinal, havíamos rompido com Lucas e Adriana, havíamos quebrado o coração deles tão bem quebrado que Lucas foi embora sem pegar nem o restante de suas roupas, quanto mais pedir os móveis que lhe pertenciam, e Adriana se casou em menos de três meses com uma mulher que, os amigos disseram a Letícia, "faz tudo por ela, mas ela a maltrata".

— Nós não os maltratamos, nós só não conseguimos — eu disse, deixando as compras sobre a bancada da cozinha, Letícia tirando as panelas do armário.

— Nós os maltratamos, sim, querida. Não só porque nós os traímos, mas porque tentamos usá-los como atalhos para alcançar a paz dentro de nós, como se eles pudessem fazer isso, como se isso fosse possível. Eu não sei o que o amor é, mas usar o outro para atender às suas demandas, às suas expectativas... Amor não é isso.

— Eles podiam dar o céu para nós, que continuaríamos insatisfeitas, exigentes, tristes.

— Pode crer. Queríamos o impossível, terceirizar a cicatrização dos nossos ferimentos. — Ela picava o frango, eu abria o vinho. — É por isso que tive uma longa depressão durante o casamento, e é por isso que você também teve. Agora estamos aqui, com nosso desassossego de sempre, mas não estamos murchas, estamos com energia, estamos com a vida bagunçada e no cheque especial, mas com vontade de viver, tomando vinho e preparando um jantarzinho especial numa noite de terça-feira. É por isso que decidi ficar sozinha, quer dizer, transo com quem eu quero e me quer, mas é por isso que decidi não ter nada sério com ninguém.

— Eu estava fazendo isso. Deus, você sabe como eu estava com essa energia toda que você está falando, cheia de brilho nos olhos, trabalhando bastante, recuperada do meu relacionamento com o pai do Rafinha, passeando de bicicleta com as crianças no domingo, tendo ideias maravilhosas para os meus textos, os meus projetos, dormindo a noite toda. Mas aí conheci o Rodrigo.

— E não consegue ficar com ele. Claro. Porque você é perturbada e ele também é perturbado. Sabe o que vai acontecer? Você vai sofrer cada vez mais, tentando atender às demandas dele. Você mudou desde que se conheceram.

— Letícia, eu *quero* mudar.

— Mas quais são os limites, querida? A que você vai se sujeitar? Entendo que você queira aprender a cuidar de um homem, entendo que busque uma relação mais horizontal, mas, no caso do Rodrigo, isso significa virar escrava das inseguranças dele, porque ele é essa pessoa insegura. A insegurança é como se fosse um galho com várias ramificações: o ciúme, a posse, a manipulação, o egoísmo. Você sai com seus amigos e ele já fica tenso; você publica um conto e ele fica incomodado, em vez de estar lá, torcendo por você. Ele tem um ataque de choro "coincidentemente" na mesma noite em que você saiu com seus amigos. A bateria do celular dele sempre acaba "coincidentemente" num dia em que ele está preso numa paranoia dele, e aí você fica ligando para ele, toda preocupada, e ele se sente mais seguro. Entenda: ele precisa *usar* você para se sentir seguro. Ele precisa de atenção constante, porque, além de imaturo, é carente; carência, essa é outra ramificação da insegurança. Olhe para quem você era no passado, Isadora, em quem a sua insegurança te transformou? Numa pessoa bacana para se relacionar? Não! Só que você está se libertando dos seus medos, dos seus padrões de comportamento e dessa coisa toda, e ele, não. Ele nem vê o que está acontecendo. Talvez ele não se liberte nunca. E sabe o que vai acontecer? Aos poucos, você vai evitar sair com as pessoas, vai pensar se quer *mesmo* publicar algo, se o Rodrigo ficará machucado, se você pode *poupá-lo*. É isso que acontece em relações tóxicas, é isso que acontece quando se sofre violência psicológica. Esse cara ama você como os jesuítas amavam os índios, como a Bélgica amava o Congo.

— Puxa vida, Lê... Sei lá. É tanta coisa — respondi. — Acho simplista falar em "relações tóxicas", parece uma matéria malfeita do site. E eu não estou sofrendo violência psicológica.

— Isadora, na maior parte do tempo, você está ou brigando com ele, ou triste porque brigaram, ou se recuperando de alguma briga, ou temendo alguma explosão repentina dele, ou, ainda, evitando certas atitudes na esperança de evitar a próxima briga. Você passa a maior parte do tempo tensa. Isso é violência. Ele não sabe lidar com as próprias inseguranças e acaba sendo tóxico para você. Não estou dizendo que ele faz isso de propósito, estou dizendo que ele não consegue agir de outro jeito. Já te contei do meu padrasto? Ele batia na minha mãe e em seguida corria pro banheiro, e ficava lá um tempão chorando e batendo em si mesmo. E então, na semana seguinte, lá estava ele batendo nela de novo, e se batendo de novo. Eles viveram assim por cinco anos, Isadora, cinco anos, até que ele se apaixonou por outra mulher e saiu de casa. E saiu chamando minha mãe de insensível e ingrata!

Jantamos falando de outros assuntos. A rotina dela como editora de livros *freelancer* e tradutora, as aulas que tinha inventado de dar para conseguir uma grana extra, um cliente charmoso e gente boa, mas que nunca pagava no prazo. Quando fomos para o sofá comer a sobremesa e fumar, lembrei de quantas vezes Rodrigo tinha me acusado de olhar para alguém sem que eu tivesse olhado, ou no ciúme que ele sentiu ao ler meu conto, e, pela primeira vez, pensei que aquelas acusações paranoicas não eram apenas uma besteira, um absurdo, e sim reflexos de uma insegurança crônica que não estancaria por nada. Tentei me lembrar de mostras sutis da insegurança dele, quando começamos a sair. Ainda não havia as explosões, mas ele olhava para o chão quando eu falava com algum amigo. Depois dos jantares, nós dois no carro, criticava minhas amigas. Em diferentes momentos e com diferentes níveis de sutileza, dava um jeito de me desqualificar: o modo como eu argumentava, o modo como eu elogiava as pessoas, até como eu interpretava os filmes a que assistíamos. Era como se ele precisasse me achatar para não se achar abaixo de mim — por meio disso, ele se autoafirmava; sentia-se, por alguns momentos, menos inseguro, menos carente, menos miserável. À minha custa. Nossa miséria interior não reconhecida: é ela que enferruja nossos relacionamentos, muito mais do que o tempo. Foram minhas sombras não enxergadas e não nomeadas que impediram qualquer possibilidade mais duradoura de amar Lucas, qualquer amor mais comprido do que as faíscas, os lampejos eventuais que exalavam de mim quando eu conseguia ser menos cega e mais generosa. Senti raiva de Rodrigo. Era como se suas paranoias fossem a água pingando de uma torneira mal fechada: eu enxugava os pingos, mas não me dava conta de que era a torneira que precisava ser fechada.

Mas eu ainda achava que fechar a torneira não era terminar. Eu acreditava que a torneira pudesse ser consertada. Que terminar era a saída mais fácil.

E mais uma vez: eu gostava de Rodrigo. O amor pode não ser o único motivo que nos faz querer ficar. Porém, quando Rodrigo e eu nos abraçávamos, quando meu rosto se perdia no cheiro do pescoço dele, eu acreditava que, apesar de todas as turbulências, estávamos conseguindo nos amar.

— • —

No dia seguinte, Rodrigo me atendeu com voz apreensiva.

— Estava esperando você me procurar. Finalmente você me ligou.

— Quer almoçar, Rodrigo?

— Por que você está fria assim comigo? Não estou gostando do seu tom de voz. Por que você precisa ser tão agressiva, Isadora?

— Rodrigo do céu, eu te amo, estou com saudade, quero que a gente fique bem. Você quer almoçar ou não?

— Quero.

Fiquei feliz ao vê-lo, a camisa suja de massinha, os olhos não simples como os de Lucas, mas agitados e úmidos como os meus. O abraço quente, o cheiro bom, a minha vontade de mandar às favas não só aquela briga como a lógica, os argumentos, os deveres, os direitos e qualquer outra coisa que não fosse amor. Eu sentia urgência tanto de terminar com ele como de recomeçarmos do zero, mas foi só nos acomodarmos no restaurante perto da escola e voltarmos a falar sobre o conto para me sentir irritada, e ele magoado, perguntando por que eu não podia escrever sobre plataformas de petróleo, acordos internacionais, ou sobre a vida no fundo do mar, a natureza selvagem; por que, fosse como jornalista ou escritora, eu estava sempre escrevendo sobre relacionamentos, casais, sexo.

— Não sei por que preciso escrever sobre certas coisas, talvez artista nenhum saiba — eu disse, em tom didático. — Aliás, é claro que, se eu fosse um homem ou um cineasta criando sobre relacionamentos, teria que dar menos satisfação sobre isso. Sinceramente, se você fosse o escritor do casal, eu respeitaria sua escrita e ainda me orgulharia de ser sua esposa. Fico irritada só de pensar isso. Aposto que eu levaria café pra você quando você estivesse escrevendo, eu...

— Isadora, vamos falar de nós dois, por favor?

— Mas até que ponto existe isso, "nós dois"? Ou existe um monte de outras coisas, a sociedade, o nosso passado? É tudo tão chato. De qualquer forma, não se trata disso, de questionarmos o que alimenta a minha criação, o que mexe comigo, vai. Te amo. Quero ficar com você. E se o conto fosse mesmo autobiográfico? Muitos textos que escrevi foram autobiográficos, muitos textos futuros serão. Não se incomode com isso, isso não é importante, está tudo bem entre nós.

— Se você não pode levar meus sentimentos em consideração ao publicar um texto, não vou mais ler suas colunas. — Ele estava calmo e bonito com a claridade lá de fora iluminando seu rosto.

— Vamos fazer isso, então. Você não lê mais as minhas colunas. Mas saiba que, independentemente do teor autobiográfico de cada texto, se vivi aquilo, se não vivi... Eu te amo.

— Eu sei que você me ama, eu te amo muito, mas não é fácil encontrar textos que falam de experiências passadas suas, direta ou indiretamente. Eu não queria me incomodar, Isadora, mas eu sofro demais. Eu não queria sofrer tanto, mas não sei o que fazer.

— Eu também não queria que você sofresse tanto, mas também não queria ficar tensa, a cada dia nervosa esperando sua próxima explosão de ciúme, insegurança, posse, sei lá mais o quê... Está tudo bem entre nós, estamos jantando ou indo ver um filme, e de repente bam!, você grita, você chora, e não tem mais jantar, e não tem mais filme, e você vai embora, e ficamos um ou dois dias brigados, é tudo tão frágil.

— Eu sei, mas é tão aterrorizador estar com ciúme, estar inseguro, e aí perceber que você acha que eu não deveria me sentir assim, ou que é bobo ser assim, ou ainda que eu acabo com o *seu* bem-estar e a *sua* liberdade sendo assim. Eu me sinto um idiota, e minha insegurança só aumenta. Não quero impedir você de nada, mas preciso ser minimamente acolhido enquanto ainda tenho dificuldade para lidar com certas coisas.

— Se eu soubesse lidar melhor com esse seu lado, Rodrigo, mas eu fico mal, esperando o conflito, pisando em ovos para evitar discussões que, na maioria das vezes, eu nem consigo antever. Saio com meus amigos e fico tensa, de olho no celular, e é por isso que me pergunto se estou numa relação tóxica, abusiva...

— Isso é absurdo! Eu amo você, eu quero o seu bem!

— ... Não só pelo seu ciúme, mas porque eu ando me responsabilizando pelo seu estado emocional. Eu não queria ficar tão abalada, mas fico. Essa sua insegurança me escraviza até quando você não está me acusando de nada ou me pedindo para que eu deixe de fazer algo. Eu te amo, querido, mas não quero mais ficar tão tensa pensando se você vai desabar ou não. Preciso ter serenidade para trabalhar. Para cuidar dos meus filhos. Para viver. Para te amar e ser amada. Como fazemos?

Ele beijou minha mão, eu inclinei meu corpo e o beijei. Aquela racionalidade no pós-briga não era inédita, mas ainda assim eu sentia que, a cada vez que atravessávamos essa fase, conseguíamos avançar alguns metros em direção a uma paisagem um pouco mais bonita. Ele parecia farto de se sentir inseguro. Eu não aguentava mais brigar e também não aguentava mais pensar em terminar. Queria escrever meus textos, cuidar dos meus filhos, pensar em outras coisas que não fossem nós dois. Queria que ele tocasse com menos sobressaltos sua rotina na escola, que sorrisse mais vezes, que ficasse mais relaxado — ele era tão bonito quando estava relaxado. Eu adorava como ele passava a mão no cabelo e abaixava a cabeça quando gargalhava. Adorava como conversávamos até de madrugada sobre arte, literatura, psicanálise, política, mesmo sabendo que precisávamos acordar cedo no dia seguinte. Era encantada por aquela conexão profunda que havia nos envolvido desde o primeiro beijo. Em uma relação, nove meses já são muito e não são quase nada. Tínhamos tanta intimidade um com o outro e, ao mesmo tempo, às vezes perguntávamos coisas como: "Você gosta de feijoada?". Eu me lembro de quando, depois de uma tarde falando sobre o plano de nos casarmos, perguntei qual era mesmo seu sobrenome do meio.

— Quando você me mandar mensagem e eu não responder na hora, quero ficar bem com isso, Rodrigo, não quero ter medo que você desmorone.

— Eu nunca desmoronei por causa disso!

— É que é assim que ando me sentindo, que você vai demolir a qualquer momento... Eu quero me concentrar no meu trabalho, nas minhas coisas, e que você se concentre nas suas. Se você ficar com ciúme por qualquer motivo, só te peço uma coisa: fala comigo sem gritar, sem me acusar, sem me desrespeitar. Fala de como você se sente. E a gente resolve.

— Vou tentar. Sei que ainda vou me descontrolar às vezes.

— Quero aprender a cuidar de você quando você se descontrolar, mas, ao mesmo tempo, acho que você precisa trabalhar seu autocontrole, que ele não é responsabilidade minha, acho que...

— É importante que você saiba que nunca vou chegar ao ponto de bater em você, fico muito ofendido quando você fala que fica com medo do meu estado! Como você pode pensar isso de mim? Fico tão chateado.

— Eu não queria que você ficasse ofendido ou chateado, eu queria que você se colocasse no meu lugar, entendesse meu medo.

— Não entendo. Eu jamais faria mal a você e me entristece saber que minhas inseguranças estão te deixando tão tensa. Mas preciso que você me ajude com elas. Comecei a fazer terapia para entender tudo isso melhor, você sabe. Estou tentando me sentir mais seguro ao seu lado. Confiar em você e na gente. É impossível sentir que você acolhe minhas inseguranças se falo alguma coisa e você diz que eu estou maluco, que estou...

— Você não está maluco. Você tá se sentindo inseguro, tá sofrendo, e às vezes isso explode na forma de rompantes. Vou pensar no que posso fazer pra te deixar mais seguro, não só durante as discussões, mas no resto do tempo.

— Tá bom.

— • —

Aos poucos, o ciúme foi ganhando outro tom. Rodrigo foi deixando de fazer acusações como "Você estava olhando outro cara"; em vez disso, me dizia como estava se sentindo em relação ao fato de — ele tinha certeza — eu estar olhando outros caras. Isso mudava tudo. Ele ainda se descontrolou algumas vezes, mas, aos poucos, minha raiva nessas ocasiões foi dando lugar a um sentimento que eu desconhecia. Mesmo deslegitimando internamente alguns dos motivos que o faziam sofrer, eu o ouvia sem interrompê-lo. Depois, fui parando de deslegitimar. E ele foi jogando mais limpo: foi perdendo a necessidade de me desqualificar, por exemplo. Foi baixando o tom de voz e, finalmente, perdendo a necessidade compulsiva de prolongar uma discussão por horas, e retomá-la no dia seguinte com novos argumentos e acusações, e dois meses depois sob outro viés. Eu tinha meus limites. Sabia que não toleraria alguém que me agredisse fisicamente. Às vezes, eu sonhava que ele me estapeava, me empurrava. Mas Rodrigo não ia tão longe. Para mim, tão importante quanto ele nunca me bater era enxergar sua sinceridade e comprometimento no enfrentamento de suas sombras. Eu também estava enfrentando as minhas, talvez pela primeira vez na vida. Estávamos os dois tentando. Me parecia que o nome disso era amor.

— Eu me senti extremamente inseguro quando você ficou um tempão conversando com aquele cara — ele disse, nós dois voltando de uma festa, sem gritar. — Você estava tão charmosa, e me perguntei se estava dando em cima dele.

— Eu não estava dando em cima dele, porque não quero dar em cima de ninguém. Procurei você com os olhos e, quando você sorriu, achei que estivesse tudo bem. Da próxima vez, aproxime-se, vem conversar com quem estou conversando.

— Eu posso fazer isso?

— Pode, é claro que pode. Você é meu companheiro.

Eu mal podia acreditar: o que eu dissera havia sido suficiente. Em casa, ele já estava sorrindo e não retomava o assunto. Nem parecia que havia se sentido inseguro na festa. Dormíamos com leveza.

Em outra ocasião, ele pegou o jornal em cima da mesa.

— Faz tanto tempo que não leio o que você escreve.

— Não leia a de hoje, pode não te cair bem. A da semana que vem você vai adorar.

Então nos casamos. Mudamos de país recentemente. Aline e Rafinha falam sempre com Lucas pelo telefone, e Lucas os visitou mês passado. Rodrigo o recebeu bem em nossa casa. O pai de Rafinha esqueceu que tem filho, mas Rafinha está ótimo. Rodrigo e eu continuamos conversando muito sobre todos os assuntos. Levamos nossas inseguranças para o outro quando elas aparecem. Às vezes, rimos delas enquanto tomamos vinho. No fim do dia, brindamos às nossas loucuras.

— • —

Isso era o que eu gostaria que tivesse acontecido, ou, pelo menos, o futuro que eu fantasiava quando Rodrigo e eu estávamos juntos. O que aconteceu foi bem diferente.

Depois daquele almoço perto da escola, passamos nove dias muito alegres. Eu mal podia acreditar: nove dias era o nosso recorde sem brigar. Claro, nesses nove dias Rodrigo fez um ou outro comentário e um ou outro silêncio que me puniam por sua insegurança. Tive paciência, ouvi. Mas não encontrei nenhuma alegria sincera em seus olhos quando contei que havia conseguido um editor para meu novo livro. Na verdade, instantes depois, ele me deu uma resposta atravessada por conta de uma observação qualquer, e, quando Rafinha me chamou lá do quarto, comentou que eu fazia tudo o que meu filho queria e que, por isso, ele estava cada vez mais mimado. Quando vimos um filme de que ele gostou e eu não, ele argumentou longamente por que o filme era ótimo; após ouvi-lo, comecei a apontar as fragilidades do roteiro, e ele disse que antes de o filme começar eu já estava predisposta a não gostar. No dia seguinte, quando gostei de um filme e ele não, comecei a analisar o roteiro e a direção mais profundamente, e ele se recusou a me ouvir, dizendo que eu já tinha começado a assistir ao filme predisposta a gostar. "Entendi, os seus argumentos são válidos e racionais, e os meus, não: você sabe analisar um filme, eu estou sempre sugestionada pelo meu estado de espírito", eu disse, e ele ficou nervoso, falando que eu gostava de brigar. Me senti desrespeitada, cansada, mas deixei pra lá. De qualquer forma, não houve uma grande discussão naqueles nove dias, e me lembro de ir dormir com a sensação de que finalmente estávamos nos aproximando da terra prometida. Até que, no décimo dia, voltávamos de um aniversário quando ele explodiu como se nunca tivéssemos tido a conversa no almoço. Não foi nossa pior briga: foi apenas mais uma versão das brigas de sempre. Mas foi a pior reação do meu corpo. Eu lembro que, além da taquicardia, senti dor no peito, ânsia de vômito, pressão baixa, tudo ao mesmo tempo. Minha cabeça girava. Parei de ouvir os gritos dele e comecei a tatear meu entorno enevoado, como se a existência fosse algo bambo demais para conseguir sentir com as mãos. Pensei que fosse morrer. Eu devia estar pálida como a camisa que Rodrigo usava, mas ele não perguntou se eu estava bem. Em vez disso, continuou gritando: "Você estava olhando para outro cara, você estava olhando para outro cara!". Não foram seus gritos mais altos. Foram apenas os gritos que faltavam para que eu descesse do carro, subisse pelo elevador, colocasse numa caixa as coisas dele que estavam no banheiro e no meu guarda-roupa, descesse, jogasse a caixa dentro do carro e dissesse:

— Acabou.

Ele me olhou incrédulo, suas pupilas eram todas feitas de medo, o mesmo medo da seiva dos seus galhos — eu sabia, eu tinha aquela seiva em mim. Temos todos? Não sei dizer. Só sei que, naquele momento, tive uma certeza muito forte de que eu havia chegado ao meu limite. Não era mais um argumento usado em uma discussão:

eram meus órgãos dizendo que dali eu não podia passar. Não sei dizer se o amor acaba, mas a energia, sim. E a esperança. Talvez o fim da esperança seja o fim do amor.

— Você não pode estar falando sério, Isadora, eu te amo tanto — ele disse, os olhos não afetuosos, mas apavorados.

Ele tinha me amado? Eu o tinha amado? Ali, em frente ao carro, o maior amor que eu já havia vivido me parecia uma espécie de miragem retroativa, algo que realmente havia existido e, ao mesmo tempo, não havia existido nunca. Ou havia sido apenas real, humanamente real, e por isso tão difícil? Não éramos anjos, nem Rodrigo, nem eu. Falhar no amor é diferente de não amar?

— Eu acho que não gosto mais do jeito como a gente se ama — eu disse, por fim.

Uma parte minha queria muito ficar, e talvez por isso eu tenha passado algum tempo ali, em frente ao carro, tentando entender, procurando novas palavras que colocassem outra ordem àquilo. Entretanto, outra parte minha não queria entender nada, só queria ir embora, e naquele minuto. Conhecer meus limites nunca foi minha especialidade, mas, ali, minhas bordas clamavam por minha consciência. *Você já disse que acabou, agora você tem que entender que acabou*, era como se não só meu coração, mas meu pâncreas, minhas unhas, minha pele me dissessem. Dei um passo lento para trás, e outro, e mais outro, e, de repente, estava correndo para o meu prédio. Chorei até adormecer.

Nas duas primeiras semanas sem Rodrigo, minha mente ainda estava lutando contra algo que não sei definir o que é — provavelmente contra ela mesma. Eu revivia os argumentos de cada um durante as brigas, algumas vezes sentia necessidade de culpá-lo por tudo, outras vezes de me culpar por tudo, e algumas vezes só de chorar. Quando eu chorava, botava a mão no peito e respirava profundamente. Apesar da dor, li muito. Trabalhei muito. Viajei com meus filhos. Meditei. Comecei a escrever poesias. Escrevi um conto chamado "Matadores de passarinho", que acabaria virando um curta-metragem. Pensei naqueles que ateiam fogo no corpo e na casa de outra pessoa por "amor", e lembro que por um momento me senti profundamente grata a Rodrigo por ele só ter incendiado minhas palavras e pensamentos, por ter sido aquele pequeno tirano em minha vida — e ter um pequeno tirano, como li certa vez em algum lugar, pode ser a maior das bênçãos.

Às vezes, eu perdia a concentração pensando naquela mulher que eu tinha sido quando botei as coisas dele numa caixa como uma mulher impulsiva, que deveria ter pensado melhor, que deveria ter tentado mais. Depois de um tempo, porém, comecei a pensar nela como uma mulher lúcida, que não havia desistido de nada, e, sim, ido até onde conseguira ir. Qual leitura fazia mais sentido? A impulsividade como uma fuga ou como uma espécie de reconexão? Só sei que foi nessa época que comecei a sonhar com uma luz que eu nunca tinha visto, mas que já me era familiar. Duas ou três noites por semana, lá estava ela: uma luz não transcendente, mágica, mística, extraterrena, mas genuinamente minha. Era a luz que tinha me revelado minhas próprias misérias, agora materializada nos meus sonhos? Eu queria caminhar segurando aquela luz como se ela fosse um castiçal. No relacionamento com Rodrigo, eu pensava agora, eu estava me punindo por quem havia sido com Lucas, com todos os outros e também comigo? O pai de Rafinha era um tirano que eu odiava, alguém que eu queria ver morto sem ter que enfrentar, mas da minha caminhada com Rodrigo eu havia levado algo mais que o ódio, eu voltava carregando um castiçal? Eu não queria mais me culpar por nada nem culpar ninguém. Estava cansada. No fim das contas, com Lucas e com todos os outros, amei como sabia amar — como tinha aprendido? Eu queria me lançar em novas trilhas, descobrir com minhas experiências novos jeitos de andar. Queria seguir em frente sendo eu mesma, independentemente de quem eu tinha sido e dos motivos que, um dia, me levaram a ser quem eu era. Não sou o passado, ou, ao menos, não sou somente o passado, e não é tudo que já vivi e que foi vivido em mim que quero carregar comigo. Talvez seja isso a liberdade, afinal de contas.

Por algum tempo, Rodrigo me mandou mensagens com fotos nossas e pedidos de reconciliação. Eu não respondia, mas o atendia quando ele me telefonava, e vivíamos novas versões das brigas de sempre. Quando parei de atender, ele começou a me mandar mensagens raivosas. Disse que, por culpa minha, estava se sentindo à beira de um abismo. Falou que eu o havia descartado como um lixo, um dejeto. Me chamou de infantil, egoísta, perversa. Seus telefonemas e mensagens foram se espaçando, se espaçando, até que ele não me procurou mais. E nunca mais nos falamos. Isso faz dez anos.

Matadores de Passarinho 18

"O amor é uma ave a tremer nas mãos de uma criança", leio no poema de Eugênio de Andrade. Fecho o livro lembrando que, na infância, matei dois passarinhos. Foi sem querer. Meu irmão matava pássaros de propósito, mas eu e as meninas da rua brincávamos era de outras coisas. Geralmente, ele e os amigos capturavam os passarinhos no enorme pomar do tio Chico, que ficava a um quarteirão de onde morávamos, no interior de Minas. Passavam um bom tempo manuseando ratoeiras, barbantes, pedaços de pão e garrafas de plástico. Depois, iam para o quintal, montavam a armadilha embaixo de alguma árvore e se afastavam. Vi essa cena muitas vezes, enquanto brincava com minha prima na lama com potes vazios de margarina, panelinhas de plástico e um ou outro ovo que minha avó tinha deixado a gente pegar na cozinha. Minha prima era seis anos mais velha que eu e precisava limpar a casa e o quintal depois da escola, além de cuidar das roupas no fim de semana. Quando ela não tinha tempo para ficar comigo, e eu me cansava de brincar sozinha, lavava as mãos e lia o livro que tinha levado na minha bolsa de pano, que sempre voltava um pouco sujo de lama, por mais que eu tomasse cuidado. Mas era mais para me exibir para os meninos. Mais para tentar demarcar essa diferença entre nós que era uma dor e também uma espécie de segurança. Eu mal sabia ler naquela época, mas já gostava, embora não ali, sentada toda torta embaixo da jabuticabeira. Não ali, com um lado meu silencioso e ressentido por não brincar com eles.

Outra brincadeira que eles faziam era passar uma mistura de cola e vidro moído na linha que usariam para empinar pipa. Eu e minhas amigas empinávamos pipas livres, mas eles usavam essa mistura de cola e vidro moído chamada "cerol". Uma vez, um ciclista passou diante de todos nós quando a linha, esticada entre dois postes na calçada, secava, e cortou o pescoço. Ele foi acudido por três amigos que vinham atrás; lembro de um deles correndo até a avenida principal gritando por um táxi. Não soubemos mais dele. Minha mãe respirou aliviada quando viu que quem havia se machucado não era meu irmão. Ela disse da janela qualquer coisa sobre os meninos tomarem mais cuidado e voltou para dentro de casa. É um turista, minha tia Isabel comentou.

Meu desejo íntimo, creio, era me juntar aos garotos para sentir aquela atmosfera de aventura tão nítida no rosto deles, aquela atmosfera que eu associava a uma liberdade que não pertencia ao meu mundo. Eles andavam de carrinho de rolimã, pegavam pedaços de papelão para descer o barranco no fim da rua, estavam sempre sujos e com os joelhos e cotovelos ralados e nunca eram repreendidos por isso. "Você vai ficar com uma marca horrorosa no braço", minhas tias diziam diante de cada machucadinho em uma de nós, as meninas. Mesmo minha prima que estava sempre carregando pesados baldes pra lá e pra cá não podia se machucar ou se sujar: eles entravam com terra e pedrinhas, ela passava a água com sabão. Isso pra não falar dos castigos e dos tapas. Minha mãe me dava cada tapão no rosto — os bofetões ardidos vinham quando eu menos esperava, por motivos como não falar direito com ela ou chegar depois do combinado para ajudar minhas tias com o almoço no domingo. Quando reclamei que só eu apanhava, ela respondeu que meu irmão era comportado. Acho que o tapa mais marcante foi quando me recusei a emprestar minha bicicleta para o meu irmão, que tinha arruinado a dele embaixo de um ônibus. Ele tinha descumprido uma ordem dela, pegar carona de bicicleta num ônibus, levou uma reprimenda de nada, e eu saí apanhando.

— Chorona — eu me lembro de ela falar, meu rosto ainda queimando. — Não tá doendo tanto assim, para de ser exagerada.

Nunca tive vontade de matar os passarinhos que matei, ou mesmo de prendê-los. Talvez meu irmão também não tivesse essa vontade, mas ele fazia mesmo assim. Uma vez, vi o tio Amílcar ensinando meu irmão e meus primos a prepararem uma armadilha usando alguns gravetos, uma corda e uma pedra. "Você não vem, maricas?", dizia se algum menino se afastava do grupo. Meu primo Juca, que sempre foi mais quieto, chegava a levar safanões dos meus tios para ver se "virava homem". "Vá ver se o almoço demora", algum homem adulto sempre me pedia. Descobri que o próprio tio Chico matara muitos passarinhos quando ele era criança. Algo que não se comenta na minha família é que, adulto, meu tio Chico fazia sexo com as galinhas. Ele ia à noite no galinheiro, quando todos estavam dormindo, e meu irmão ficava rindo do desespero delas. Eu era pequena e não entendia o que estava acontecendo. Depois, mais velha, entendi o que meu tio fazia com as galinhas e também que isso as matava. Era outro jeito de ele continuar a matar os bichos depois de crescer.

Meu pai também prendeu e matou muitos passarinhos quando era criança. Espero que ele não tenha matado galinhas — não da maneira do meu tio Chico. Sei que meu pai, além de passarinhos, prendia ratos e até coelhos. Os coelhos, eu sei que, depois de mortos, meu pai os pendurava no varal e lhes enfiava uma bomba dessas de encher pneu de bicicleta. Não sei exatamente como:

se ele fazia um buraco na pele ou se enfiava no ânus. O que me lembro é de vê-lo bombeando, bombeando, até a pele do coelho soltar do seu corpinho peludo. Em seguida, meu pai arrancava a pele e a entregava à minha mãe, que a usava para fazer casacos e tapetes, alguns para nós, outros para vender. Lembro do cheiro de coelho morto disputando com o perfume do pudim de rosas que minha mãe fazia com as flores colhidas no jardim da frente. Antes de pendurar o coelho no varal, meu pai o matava com uma paulada. Certa vez, depois de bombear bastante, ele viu que o coelho não tinha morrido ainda: estava com os dois olhinhos vermelhos esbugalhados. Meu pai passou algum tempo sem matar nenhum coelho depois disso, mas, depois, voltou a matá-los normalmente.

Meu irmão e meus primos costumavam prender os passarinhos para jogá-los na boca de um gato ou cachorro. Às vezes, quebravam suas asas, furavam seus olhos. Os gatos também sofriam. Meu irmão fazia com o tio Chico e os outros tios o que chamavam de "experiências científicas", como injetar seringas cheias d'água neles. Certa vez, horrorizada com a agonia de um adorável gatinho malhado, corri para a cozinha e pedi pra minha mãe ir lá fora e mandar os meninos pararem com aquilo. Ela estava na pia, depenando um frango, enquanto tia Cecília, sentada com uma bacia no colo, devia estar catando feijão ou algo assim.

— Em vez de fofocar sobre o que eles estão fazendo ou deixando de fazer, você devia fazer a sua lição de casa e depois vir me ajudar aqui.

— Mas, mãe! Eles estão fazendo coisas horrorosas! Torturando um gatinho que não fez nada!

— O gatinho já devia estar machucado, ou então eles estão brincando com ele, e você viu errado...

— Ela adora chamar atenção — minha tia comentou, rindo.

Foi logo depois da mudança para São Paulo que matei os passarinhos. Como disse, foi sem querer. Tínhamos dois passarinhos verdes em uma gaiola no nosso apartamento em Pirituba. Minha mãe cortava suas asinhas para que eles não fossem embora, de modo que eles viviam soltos. Eram pequenos e silenciosos, e precisávamos andar olhando para o chão. Antes de calçar os sapatos, enfiávamos as mãos dentro para conferir se não estavam lá. Naquela época, meu irmão já era quase um adolescente e não maltratava mais passarinhos. Mas foi quando matei os dois.

Eu devia ter oito ou nove anos. Minha mãe estava na cozinha, fazendo os salgadinhos que ela vendia naquela época, não lembro se o meu pai estava no bar ou trabalhando, meu irmão brincava com carrinhos na sala. (Eu gostava daqueles carrinhos coloridos e de modelos variados, e brincava com eles de vez em quando, assim como brincava com seus soldados, tanques e armas da coleção Comandos em Ação. Meu irmão não só não se interessava pelos meus brinquedos, como ria deles.) Fui usar o banheiro, quando vi os dois passarinhos dentro do bidê. Eles tinham nomes, mas não me lembro do nome deles. Também não lembro o que se passou pela minha cabeça. Só recordo que peguei o xampu, o condicionador e levei os passarinhos para debaixo da torneira. Ensaboei os dois bem ensaboado, acho que pretendia deixá-los bem cheirosos. Quando minha mãe entrou no banheiro para ver o que eu estava fazendo, disse que daquele jeito eu ia matá-los, mas eu não sabia do que ela estava falando. Ela não falou mais nada: só riu e voltou para a área de serviço.

Quando enxaguei os passarinhos, eles estavam durinhos e com os olhos fechados, e achei que estivessem dormindo. Eu estava certa de que tinha cuidado muito bem deles, deixando-os bem limpos e agora colocando os dois para dormir na caminha de uma de minhas bonecas. Pareciam tão relaxados! Fui brincar de outra coisa e, quando voltei para ver se continuavam dormindo, não os encontrei na caminha. Minha mãe havia jogado os dois corpinhos verdes pela janela, mas eu só saberia disso quando ela contou a história para minhas tias, anos mais tarde — às gargalhadas. Naquele dia, o que ela me disse é que os dois, depois de acordar, tinham saído voando. Meu irmão falou que era mentira, mas preferi acreditar na minha mãe.

Eu matei dois passarinhos quando era criança. Foi sem querer, repito para mim mesma, no quarto da casa vazia onde jamais recebi um homem. Foi sem querer. Não foi por maldade. Eu matei aqueles passarinhos sem querer, eu disse a mim mesma ao longo de toda esta vida, esta vida que já não sei se é de solteira, de viúva, de vítima de um incêndio antigo que ainda queima ou de uma assassina em fuga — esta vida que nunca foi minha. Mas hoje, lendo o poema de Eugênio de Andrade, hoje, pensando no meu pai que já morreu, hoje, pensando no meu irmão, que não vejo há muitos anos, hoje estou pensando assim: eu matei aqueles passarinhos sem querer, mas, para os passarinhos, isso não importa. Tanto os passarinhos que foram mortos pelo meu irmão pelos nossos primos pelos meus tios pelo meu pai pelo meu avô como os passarinhos que matei na pia do banheiro como as galinhas e os coelhos e os gatos da minha infância, todos eles estão mortos.

MEIA-TAÇA 19

Quando Pérola gargalhava, todo o restaurante ouvia. Um casal chegou a reclamar com o garçom, que não fez nada. Mas fazia tempo que ela não via Ruth. Pouco havia mudado na amiga além das rugas e do preenchimento labial. Os peitos pareciam maiores do que nunca, desproporcionais para o corpo magrinho, mas era só a blusa justa. A franjinha estava lá, como vinte anos antes, cobrindo a testa alta e quase encostando nos olhinhos miúdos e vivos como dois peixinhos decorativos. E o principal estava ali: a voz rouca da amiga, tão diferente da dela — a rouquidão de quem acabou de chegar de uma festa e está indo ao trabalho, de quem está cansada, mas sabe que valeu a pena. A voz fininha e macia de Pérola era como se tivesse enganado o cansaço o tempo todo, ou pelo menos por muito tempo.

— Não deixei nenhuma moeda, menina — continuou Ruth, comendo a saladinha. — Ele pensou que tinha me enganado, e passou a noite toda pensando, mas se fodeu: fomos pra cama, ele me fez gozar gostoso, e assim que ele pegou no sono levantei e peguei tudo.

— E todo o dinheiro tava lá?

— Todinho! Tudo que ele ia usar pra pagar a dívida da menina lá, mas que tinha prometido pra mim. Ele e ela eram gente ruim, e gente ruim merece o pior. Gente assim não muda. Se muda, não é por causa de quem passou a mão na cabeça, mas por causa de quem foi lá e passou a mão na carteira. A pior coisa que você pode fazer por esse tipo de gente é ajudar, tem que foder. Paguei pra cafetina na mesma noite, e na mesma noite peguei o trem e fui embora. Itália, nunca mais.

Pérola sorriu. Ruth fazia tudo parecer tão leve. Ela não teria viajado para a Europa daquele jeito, para ficar não sei onde, devendo não sei quanto a não sei quem. Viu inúmeras amigas indo, mas, para ela, Europa só a passeio. Tinha ido três vezes, tinha caminhado pelas ruas de Paris, Madri, Florença, Roma, Londres — essa última, queria esquecer. Agora, estava cansada de viagens e sonhos. Espiou a tela do celular.

— E o teatro, Pérola? Tá enchendo?

— Esse espetáculo de agora, sim, graças a Deus. Nem lembro mais o que é passar aperto.

— E o coração, como anda?

— Ih, nem penso mais nessas coisas, agora sou eu e eu.

Não era verdade. Dali do almoço na alameda Lorena, iria tomar um sorvete na Oscar Freire com Flávio. Estava marcado e confirmado, mas ainda parecia surreal que, dali a pouco mais de três horas, estaria olhando para ele, sentada frente a frente, sentindo aquele cheiro, Flávio, que ideia, Flávio, de novo! Mas tinha de ser com ele, ou era ele ou nada, quer dizer, ou era ele ou era seguir sozinha como andava fazendo e muito bem nos últimos anos: trabalho, visitar o filho e o ex, uma cervejinha com os amigos que ninguém é de ferro, análise toda terça havia dois anos, graças a Deus.

Agora Pérola estava caminhando pela Oscar Freire, conferindo o celular. Faltavam cinquenta minutos. Passou em frente à sorveteria, tudo certo, a sorveteria marcada ainda existia, a mesma sorveteria de antes, os tijolinhos, as mesinhas na calçada, nada parecia ter mudado. No dia seguinte, estaria de volta a Copacabana, mas por enquanto era ela e São Paulo novamente. Sua São Paulo, a São Paulo que reivindicara para si, e não aquela que lhe tinha sido imposta no início. De Itaquera, bairro onde tinha nascido e sido criada, queria distância geográfica e emocional. Seus pais, não sabia onde estavam, era como se nunca tivessem existido, e era melhor assim. Seus irmãos, que estivessem bem, mas que permanecessem longe. Que boa ideia almoçar com Ruth depois de tanto tempo, será que mais tarde sairia para ver as outras meninas? Parece que teria uma festa, ela poderia encontrar o resto daquela turma, será?, ah, quanto tempo... Era tudo tão divertido, e tão louco e sofrido. Mas inventou de marcar um sorvete com Flávio, um sorvete que poderia arruinar seu estado de espírito, seria entrevistada no dia seguinte, o teatro seguia lotado, não queria ficar mal. Flávio a magoara. Amava-a, segundo ele, segundo palavras e também gestos, mas faltavam gestos essenciais. Um gesto especialmente. Ela queria algo tão simples dele, ela que já foi uma pessoa que quis tanto, que já pensou que sua vida só faria sentido se desse a volta ao mundo, tivesse dois milhões na conta bancária, um barco, nossa, é mesmo, a fase do barco... Depois, ela quis uma família. E agora só queria seguir no teatro, de onde nunca devia ter saído, era isso que queria, voltar ao teatro, voltar a São Paulo para rever os amigos e as esquinas daquela sua outra encarnação, voltar a ver Flávio depois de sete ou oito casamentos, nem sabia mais, nem queria saber dessas coisas... Todas as histórias com que sonhara haviam sido vividas, algumas histórias que temera haviam sido evitadas e outras não, na sua pele jaziam cicatrizes e beijos, teve todos os amantes que desejou e por quem foi desejada, não conquistara dois milhões na conta bancária, mas certamente já tinha gastado algo por volta desse valor... Já haviam se matado por ela! Pedrinho! Robinson lhe dera uma família, Robinson e o pequeno Antônio, agora grande, advogado, casado, pai. Com Robinson teve tudo: sogro, sogra, piscina no domingo, ceia e presentes no Natal, beijos nos restaurantes da moda, tudo que Flávio lhe negara, e de Flávio nunca havia esperado tudo isso, esperava algo tão mais simples... Robinson, sim, era um homem, Flávio era um... Era alguém que ainda a deixava nervosa.

Entrou numa loja de roupas, passeou as mãos esmaltadas pelos cabides. Olhou-se no espelho ao fundo: olheiras, o bigode chinês mais fundo do que nunca, melhor não olhar. Usava um vestido florido na altura dos joelhos e óculos escuros. Um saltinho curto, bolsa marrom, maquiagem leve. Olhou-se no espelho novamente e ajeitou o lenço nos cabelos longos e castanhos. Já ia embora, viu um vestido jeans, resolveu experimentar.

— Me ajuda a fechar, meu anjo? — pediu à vendedora, que se aproximou do provador. Pérola estava com o vestido jeans caído na cintura, o body preto de renda e tule justo ao corpo, os seios bem acomodados no formato meia-taça. Nunca ninguém tinha pedido à Talita ajuda para fechar aquele vestido.

— É só puxar o zíper lateral, senhora.

— Ai, eu sei, é que sou tão atrapalhada com essas coisas, você poderia me ajudar? Poderia?

Talita se aproximou daquela voz tão delicada e feminina. Pérola levantou o longo cabelo; os fios cheiravam a maçã, do pescoço vinha um perfume também doce.

— Você acha que este body me veste bem?

— Claro, é lindo...

— Ah, que bom que você gostou! É novo. Uma colega me vendeu, é da marca dela, é lindo, não é?

— Claro. Prontinho. Gostou do vestido?

Pérola se virou de costas para o espelho, virou-se para um lado, virou-se para o outro.

— Achei belíssimo. Você gosta? Não está muito exagerado, está?

— Está ótimo. Bem, meu nome é Talita, qualquer coisa que precisar, é só me chamar e...

— Você me ajudaria a tirar o vestido, Talita? — E Pérola subiu novamente os cabelos. Olhou-se no espelho quando Talita puxou o zíper com cuidado. — Vou levar. Você gostou mesmo?

— Gostei, sim, ficou ótimo em você.

— Ah! Fiz uma dieta com nutricionista, estou com um ótimo peso, não estou? Para a minha altura e estrutura óssea... E o body... Você quer um cartão da minha amiga? Entra no site dela. — Pérola vestia o vestido florido. — Quer um cartãozinho? Acho que tenho aqui. Você costuma ir ao Rio? Por que não vai me ver no teatro?

Faltando dez minutos para o horário combinado, Pérola estava sentada numa das mesinhas do lado de dentro sorveteria, a sacolinha da loja pendurada na cadeira, o celular na mão.

— Bom, desmarcar ele não desmarcou — disse em voz alta, como se estivesse no palco. — Se ele não vier, eu quebro a cara dele. Já me basta ele... Flávio!

Ele entrava de óculos escuros, jeans, camisa e jaqueta de couro. Abraçaram-se longamente, ela chorou, tampou o rosto com as mãos.

— Esse encontro foi um erro, Flávio, um erro como tantos — ela disse, levantando-se e abrindo os braços pelo palco. — Nenhum homem, saiba: nenhum homem me fez sofrer como você!

— Pérola, espera... Eu não vim tomar sorvete, eu vim... Espera.

— Eu não vou ficar com você! Eu não vou dormir com você, te chupar bem gostoso e no dia seguinte tomar café na padaria com você fingindo que não me conhece! Isso nunca mais vai acontecer!

Ela começou a chorar mais, as pessoas olhavam. Por que não podia se controlar? Por que tanta dificuldade? Estava se sentindo tão bem, por que marcar aquele encontro, aquele encontro fora um erro, um erro terrível... A vida toda um erro terrível, um erro irreparável.

Flávio se levantou e pegou na mão dela:

— Escuta... Vamos sair daqui? Vamos conversar dando uma volta? Eu era inseguro, me perdoa, nenhum homem jamais deveria ter vergonha de caminhar ao seu lado, uma mulher tão bonita...

— Isso mesmo! Eu sou mulher, eu já era mulher mesmo quando me batizaram errado, já era mulher antes da eletrólise, antes das cirurgias, da análise... Eu sempre fui mulher!

Caminharam pela Oscar Freire de mãos dadas.

Introdução à Beleza 20

No ateliê onde eu dava um curso de introdução ao desenho, percebi que, quando as pessoas iam fazer a inscrição, estavam muito alegres, muito animadas, como se o curso fosse apresentar a elas não apenas técnicas de desenho, mas uma nova forma de conduzir suas vidas. No entanto, no primeiro dia do curso, elas já chegavam bocejando, os olhos entediados, como se já não houvesse possibilidade de suas habilidades artísticas ou simplesmente seu gosto pelo desenho emergirem, como se qualquer descoberta de uma nova maneira de conduzir a vida estivesse presa entre rochas no fundo de um oceano.

O ateliê ficava nos fundos da livraria de que meu marido já era dono quando nos conhecemos. No curto corredor que dava acesso ao ateliê, as duas paredes cobertas de trepadeiras, bromélias e samambaias tinham de tudo para ser uma espécie de portal que preparasse os alunos se não para uma nova existência, se não para a tal da "transformação" que alguns colegas gostam de esperar de suas aulas de arte, ao menos para três horas de abertura a um estado de ser mais nutritivo do que os quitutes e bolos dispostos na mesa do café.

Meus alunos não estavam mortos, pelo contrário: eu tinha testemunhado sua vivacidade, fui eu que lhes entreguei o formulário e recolhi o dinheiro, eu que lhes perguntei

"Por que você quer aprender a desenhar?", eu que ouvi coisas como "Eu sempre quis olhar um rosto, uma planta e transmitir aquilo para o papel", "Depois que cresci, nunca mais peguei em um giz de cera, um pote de guache". Por que todos morriam na manhã de sábado, a grande mesa de vidro tomada por potes ansiosos de guache, as bromélias brilhando com a luz do sol? O corredor ensolarado não era portal para nada, e, ao mesmo tempo, se o céu ficava escuro e chovia, nem os olhos entediados apareciam: ninguém ia. Eu sentia vontade de pedir desculpas à pilha de papéis coloridos em cima da bancada, aos pedaços de papelão que eu havia descascado das caixas.

A maior parte dos frequentadores do curso estava em duas faixas etárias longínquas: jovens universitários e aposentados em busca de preencher com algo a mais o tempo livre. Essa busca por "mais" os unia no desejo de fazer a matrícula e desaparecia quando estavam diante da mesa, onde gritavam suas diferenças de idade e a dificuldade para se entrosarem. Longe da emersão de uma nova condução de vida, era revelado um incômodo mútuo, um desconforto suspenso, além de, claro, a sedução da tela do celular, tanto entre os mais novos quanto entre os mais velhos. Todos ali tinham celulares caros. "Encha os olhos deles com material colorido", meu marido havia me aconselhado quando eu preparava as primeiras aulas. "E, do lado de fora da salinha, precisamos montar uma mesa de café caprichada, porque tão importante quanto a mesa de arte atraente é a mesa do café atraente. Eu sei, querida, é terrível dizer isso, mas, na oficina de argila, percebi que mais alunos se matriculavam nos novos módulos depois que passamos a montar uma mesa bonita de café. Tem de comprar torrada, patê, essas coisas. O bolo de cenoura com cobertura de chocolate é sempre um sucesso."

Na segunda aula, quando eu ajeitava à frente dos alunos os graciosos potinhos com pedaços de carvão, espalhava as folhas e flores secas, e também carrinhos e miniaturas de móveis, já era tarde. Eles até seguiam as instruções, mas se impacientavam com a inabilidade naquilo que, claro, eu já esperava que fossem inaptos, porque, afinal, era um curso livre e introdutório. Desconcentravam-se, se é que em algum instante haviam se concentrado verdadeiramente; desconfiavam do meu método de ensino, ficavam muito preocupados em comparar os esboços uns dos outros, sentiam-se menores do que os colegas e de quem queriam ser, faziam as tarefas esperando que o tão esperado "mais" partisse de qualquer lugar, menos de dentro deles.

Até que, num sábado, quando eu estava esperando mais uma turma de alunos para seu primeiro dia, pensei em uma atividade nova, ou numa nova maneira de conseguir estabelecer uma atividade. Minha ideia inicial era darmos uma volta na rua para observarmos pessoas e coisas, abrir o campo do olhar, nada mais do que isso. Provavelmente, eu os pediria para observar algum detalhe que lhes chamasse atenção, um objeto, um inseto ou pássaro em uma árvore, qualquer animalzinho ou planta que lhes apetecesse. A livraria ficava no coração da Vila Madalena, na rua Simpatia, repleta de árvores, pessoas bem-vestidas passeando com seus cachorros bem cuidados. Eu podia seguir com a turma para uma pracinha perto dali, uma dessas pracinhas com bebês dormindo nos carrinhos. Quem sabe o que poderia acontecer?

Recolhi os desconfiados gizes de cera, as entusiasmadas canetinhas, os potes de nanquim líquido com todo o seu segredo. Os alunos foram chegando e encontrando a mesa vazia. Nessa hora da chegada, ainda havia algo de expectativa alegre no olhar deles. Era nessa expectativa que eu queria me fiar.

Quando todos haviam chegado, eu os chamei para irmos lá fora. Passamos pelo corredor das plantas ensolaradas, saímos da livraria e caminhamos um pouco pela rua. Então passamos por um beco e, sem saber por quê, convidei-os para entrar.

"Aqui é sujo e malcheiroso", alguém comentou. Pelo chão, havia embalagens vazias, jornais e restos de comida. Um gato dormia perto de nós, não um gato adorável, mas um desses gatos magrinhos e de pelo que se enxerga áspero mesmo à distância. Levamos algum tempo para perceber que o monte de tecido enrugado mais à frente era, na verdade, uma pessoa dormindo. Aquela era uma turma de nove alunos, e eles esboçaram reações variadas: um estava intrigado, uma reclamou com o outro do lugar daquela atividade, uma seguiu tampando o nariz. Já era alguma coisa.

— Encontrem algo bonito aqui.

— *Aqui?* — perguntaram.

— Um pedaço, uma cor, uma textura, qualquer coisa que lhes encha os olhos.

Caminharam pelo beco procurando não acordar o senhor que parecia dormir, o que achei bonito. O gato não se mexeu. O senhor acabou abrindo os olhos e trocando com duas alunas palavras que não ouvi.

— Pode ser um canto do pássaro que estou ouvindo daqui? — uma aluna perguntou, e sorri.

— Pode.

Um pouco antes de sairmos, meu marido entrou no beco.

— Como você sabia que eu estava aqui? — sussurrei, as mãos dele na minha cintura.

Ele apenas sorriu. Precisava voltar para a livraria, onde havia deixado a plaquinha de "Volto logo".

Todo o grupo caminhou até o ateliê, onde encontrei vontade nos olhos dos meus alunos. Consegui dar outras atividades naquela manhã. O bolo de cenoura com cobertura de chocolate fez o sucesso de sempre, mas notei que, em volta da mesa de café, os alunos conversavam.

— Primeiro fui à praça ver o que vocês estavam aprontando — meu marido disse, enquanto comíamos um ao lado do outro. — Então fui ao beco. Você não lembra? Foi lá o nosso primeiro beijo.

Sorri.

POSFÁCIO
ONDE SE DÁ UMA TRÉGUA

Uma cartografia *da falta de chão* e,
ao mesmo tempo, um manual de levitação
para as interioridades

Ela queria amar, mas estava armada, o livro que você, lei-
tor/leitora, acaba de atravessar, desenha uma espécie de
cartografia desse estado que parece ser, desde o final do
século XX, permanente entre os sexos. Tanto o homem
quanto a mulher perderam o chão, e, nestas vinte histórias, Liliane Prata consegue dar conta das diversas nuan-
ces dessa crise na vida dos afetos entre as almas — prefiro
usar a palavra alma para designar *o self interior*, que se manifesta ou deveria se manifestar em um espaço comum
entre mim e você, seja você quem for. Liliane não explora
em seus contos apenas esse lugar dos tensionamentos e
desencontros comunicacionais; em algumas passagens,
revela uma fresta, um vão por onde respirar e encontrar
indícios da leveza por onde fala esse self interior, como
que se desvencilhando de suas máscaras identitárias.

O conto que dá título à coletânea e abre o livro traz a
jornada interior de uma personagem que consegue conver-
ter separação em reconciliação com o mundo a partir de
uma imersão *em sua própria sensação de estar viva*. O texto
possui outras chaves e se conecta com outros neste livro,
que tem a estrutura de uma colmeia, com seus contos-favos.

Em "Stand by me", fica patente o uso do humor – no
livro há não apenas a exploração de campos da subjetividade, mas também dos modos como essa é contaminada

pelo narcisismo. Um alto lirismo marca o conto "Nas horas livres, desenho libélulas", que em alguns momentos sugere uma fuga poética dentro do estilo de Liliane Prata. "Tapete rosa de pétalas" é um conto-síntese, no qual aparecem os livros e o universo literário como pontos de revelação. O gato parece sair deste conto e atravessar até outros, se tornando um importante símbolo de uma misteriosa imanência, e o mercado editorial entra aqui como uma metáfora do senso comum. Na cena final, surge a ideia de que esse manipulador senso comum é menor do que uma certa transcendência que se esconde em nosso cotidiano, ou seja, menor do que a vida. "Cheiro de café queimado" tem a mesma pulsação de um romance da autora, *Três viúvas*, cuja leitura recomendo. Nessa pulsação dupla, ora é a exposição da subjetividade como a escrita de uma imersão, ora é o diálogo que, como uma espécie de força gravitacional, nos empurra para o choque de alteridades.

O amor é encarado neste livro como um dom de reencontro com o outro. Sabemos que, no fundo, todo bom encontro é um reencontro, mas apenas depois da crise e do atravessamento da própria solidão isso se torna possível. É claro, para mim, que este livro elabora não só uma suave crítica do pensamento binário e anti-homem, como propõe uma reconciliação através da escuta interna em que se dá uma trégua, como neste trecho em que, se quisermos, podemos ler uma voz coletiva na fala da personagem: "[...] eu não sinto que estou fingindo, mas que respiro entre os fingimentos que passamos juntos. Não sei mais o que sinto, o que finjo e no que acredito, tudo é tão cansativo, mas, agora, enquanto nos beijamos, não sinto esse cansaço. Ele é todo pressa serena, saudade e perfume, e eu sou um buraco no espaço, *uma trégua de tudo o que narrei e vivi nos últimos tempos* [grifo meu]". Em tempos de tanto horror e divisão, amor é ou deveria ser uma trégua.

Marcelo Ariel, poeta e crítico

Sobre a Autora

Liliane Prata é jornalista e escritora. Já foi editora de comportamento das revistas *Capricho* e *Claudia*, da Editora Abril, e atualmente trabalha como autônoma, escrevendo e dando cursos. Este é seu nono livro de ficção, sendo o primeiro de contos. Pela Editora Instante, também lançou seus livros de não ficção, *O mundo que habita em nós: reflexões filosóficas e literárias para tempos (in)tensos* e *Amor-próprio, amor pelo mundo: práticas de atenção, expressão e transformação para tempos (in)tensos*. A autora compartilha suas reflexões no Instagram @liliprata e no youtube.com/canaldalili.